浅田孝紀 著
Takaki Asada

高校国語教育の理論と実践

言語文化教育の道しるべ

まえがき

本書を手に取ってくださった皆様は、次期高等学校学習指導要領で登場する新科目「言語文化」についての本だとお思いのことかと推測します。たしかにそれに関係する書物でもあります。しかしそれだけではありません。

「言語文化教育」という言葉を私が初めて使ったのは1992年、本書でも述べている拙稿「古典教育の意義に関する一考察」の中でした。管見の限り国語教育学関係の文章の中でこの言葉を見たことはありませんでしたので、自分の造語だと考えてきました。その後この考え方を温め続け、2000年にやはり本書で述べている拙稿「「言語文化教育」という観点——言語教育における一視座の提唱——」を書きましたが、その頃には「言語文化学」という言葉が大学等で使われるようになり、2014年には「言語文化教育研究学会」が発足し、次期高等学校学習指導要領では新科目「言語文化」が登場します。もはや私が用いた「言語文化教育」という言葉に新味はなくなってしまったと一度は思ったのですが、逆に新科目「言語文化」が登場するがゆえに私の考えを一つにまとめる意義もあると思い、本書を上梓させていただくことにしました。

私は大学が国文科で卒論は軍記物語でした。その後、大学院で国語教育学を専攻しましたが、常に古典を意識した研究をやっていました。しかしやがて、それらは実は国語教育・言語教育の全体に関わっているのだということに気づいていきました。教員になってからは小・中学校で自分が属していた演劇部の顧問になりました。そして演劇を含め言語に関わるあらゆる現象を「言語文化」と捉え、その面からの教育実践を意識してきました。本書の内容に「古典」と「演劇」に関する記述が多いのは、そのような私の原体験によるものです。大学院を出て教員になって以来25年が経ちました。思えば遅々とした歩みでしたが、国語教育学研究の場に身を置きながら、多忙化の一途だと言われるようになってきた中学高校の現場で、教員としてやるべきことを粛々と積み重ねてきた結果をこのような書物にまとめられるのは、大変幸せなことです。

本書で言う「言語文化」は、学習指導要領で言うところの「伝統的な言語文化」と一致するものではありません。また、新科目「言語文化」のことでもありません。むしろそれらを当然のごとく含んでいるものであり、さらには国語教育・言語教育で扱われる全ての事柄を「文化」という切り口から見た場合の名称です。これについての詳細は本書の中で述べたつもりです。

第１章は理論的基礎をまとめたもので、７本の研究論文の中心的な事柄を、短くまとめたり引用したりしながら改めて書き下ろした章です。その意味では本書の中でも重要な内容が詰まっているのですが、７本の論文をそのまま載せてしまいますと、ご専門が国語教育学ではない皆様には、くどくて煩わしいものになってしまいます。そこで、第１章ではそのエッセンスをなるべく簡明に述べ直すことを心がけました。ただ、そのため元の論文にあった学術的な説得力は失われているかと思います。ですので、ここで述べた拙論の詳細をお知りになりたい方は、後掲する初出論文をお読みいただければ幸いです。

第２章と第３章は、実践に向けての教材研究や教材開発の中で、私が大切にしている事柄を中心にまとめたものです。第４章以降は実際に私が行った実践報告を３章に分けて再掲しました。これらは本書にまとめるにあたり、初出文献の加除修正をかなり行っています。なお、第２章以降は、全て学会誌・紀要類・商業誌等の雑誌に掲載されたものです。共著書（書籍）に掲載されたものは含んでいませんので、それらの内容は後掲する当該書籍をお読みくだされば嬉しく存じます。また、各章は緩やかに繋がっていますが、それぞれ独立してもいますので、どこからお読みいただいても差し支えありません。

「アクティブ・ラーニング」から「主体的・対話的で深い学び」へと言葉は変わりましたが、心ある国語教師たちはこれまでも常にこうした学びを追究してきました。それは必ず「新しい時代に必要となる資質・能力の育成」に繋がるものです。本書で述べた理論的基礎はそれを直接授業で用いるものばかりではなく、むしろ授業を下支えするものです。また、本書で紹介した実践にはかなり古いものもありますが、新学習指導要領の精神にはむしろ以前より近づいているものすらあると考えています。現在の、そして将来の国語教育関係者の皆様が学習者の指導に本書をお役立てくださるのであれば、著者として望外の喜びです。少しでもご参考になりますことを祈って。

著　者

目次

※　注は各節ごとに、引用・参考文献は各章末に、それぞれまとめて掲げた。
　また、自著については「あとがき」で初出一覧を設けてまとめて記してあり、本文中ではいちいち文献名を挙げてはいない。

第1章 言語文化教育の理論的基礎概説

まず本章では、これまで筆者自身が研究・発表し、実践のよりどころとしてきたいくつかの理論的基礎について紹介・概説する。ただし、それらの研究論文を全面的に再掲することは行わず、基本的には中心的な主張を取り上げて、簡明な解説を施すこととする。中心的な主張に至るまでの詳しい考察については、後掲の筆者による論考を参照されたい。

1 「言語感覚」の概念の一局面

まず「言語感覚」について取り上げる。この言葉は、ほとんど無定義に近い状態のまま用いられてきた。もちろんこれについては様々な研究成果があったのだが、どちらかと言えば「言語感覚」の内実を分類し、言い尽くす方向のものである。それ自体に誤りはない。ただ、「言葉についてのセンス」というような言い換えのレベルを超えた、学術的な定義が必要であると考えてきた。しかしそれはかなり難しいものでもある。そこで浅田（1992a）は、「言語感覚」の概念のうちの「重大な一局面」に関し、次のように規定した。

> 言語主体が言語を表現乃至理解する際、表現乃至理解される個別的な言表と、その言語主体が属する集団における通常の社会言語体系との間の差異や、個別的な言表相互の差異を、認識乃至感得する能力。

これについては、以下に解説を加えておきたい。

「言語主体」とは、要するに言葉を表現・理解する人間のことである。上記で「表現」と「理解」の間に「乃至」という語を漢字表記で用いているが、これはもちろん平仮名で「ないし」と書いても良い。ただ、ここでは「表現する」ことと「理解する」ことを、一つにまとめて言い表すのが適切と考えたので「表現乃至理解する」という一語のサ変動詞のような書き方をしている。「個別的な言表」とは、「一つ一つの言語表現」のこと。「その言語主体が属する集団」とは、広くは「国」や「地方」といった地域的なものから、「業界」「学校」「会社」などの組織やその集合体、さらには「仲間内」「家族」などの個人的な小集団に至るまで、いろいろである。そこにおける「通常の社会言語体系」とは、要するに「その社会的な人間関係の中で普通に用いられる言葉遣いの全体」のことである。そして「認識乃至感得する」とは、「認識する」ことと「感得する」ことをやはり「乃至」でまとめたものである。

これを学術的な厳密性を抜きにして簡略に言い換えるなら、

> 人が言葉を用いる際に発揮される、個別の言語表現と自分の所属集団でいつも用いる言語表現との違いや、あるいは個別の言語表現同士の違いを、認識したり感じ取ったりする能力。

ということになる。

例えば「いにしえの奈良の都を思う。」という表現と「昔の奈良の都を思う。」という表現では、同様の意味を表してはいるが、意味内容のニュアンスや、この両者の間の美しさは、人によって異なった受け取り方をされる可能性がある。それは「いにしえ」が古語の「いにしへ」に由来する表現だからである。そして、この両者の違いを、自分の所属集団で用いられるものとの違いも含めて感じ取れるのは、一つの「能力」であると言える。さらにこのことは、例えば論文調のいわゆる「硬い」文体とそうでないものの違いや、比喩などを用いたいわゆる「文学的な」文体とそうでないものの違い、さらには、そもそも正しい表現と誤った表現や、適切な表現と不適切な表現を認識したり感じ取ったりすることにも当てはまる。

「感じ取る」ことを「能力」とすることには異論もあろうが、根本的には「感覚」という語は「視覚」や「聴覚」などの「五感」、すなわち身体的に感受する能力を表す言葉である。その「感覚」という言葉は「フィーリング」などの意味合いで、様々な語と比喩的に合成されて用いられている。例えば「友達感覚の親子」とか、「コンビニ感覚で使える店」などの言い方でいくらでも作られていく。しかし一方で明らかに「能力」であることを示す用い方もある。

例えば「方向感覚」とか「車幅感覚（車両感覚）」などがその典型であろう。「言語感覚」は、後者に属するものであると筆者は考えている。

もちろん、この「重大な一局面」だけで「言語感覚」を言い尽くせているわけではない。これについては未だ研究の途上にある。

この「言語感覚の重大な一局面」は、直接的には次節「古典教育の意義」を論じるために考究したものである。ただし、実際には「言語感覚」は古典のみの問題ではないことはもちろんである。例えば書き言葉と話し言葉の違い、評論と科学論文の文体の違い、詩歌の作品から感じ取れる語感の特徴、友人の作文の表現に対する違和感、目上の人に対して書いた自分の手紙の表現に対する疑問など、言語感覚によって認識したり感じ取ったりできるものは、挙げていけばきりがない。本節における「言語感覚の重大な一局面」は、「一局面」と言いながら、「他の表現との比較」を行う営みは潜在的に常時行われているので、国語教育あるいは言語生活の全体に深く関わるはずであり、「言語感覚」の相当部分を占めていると考えられる。

2　古典教育の意義

なぜ今さら「古典教育の意義」など論じるのか、という向きも多かろう。しかし実際に、「古典の原文や文法の指導などをやるから、古典嫌い、ひいては国語嫌いを増やすのだ」とか、「古典は専門の日本文学者が現代語訳したものを使えばそれでよい」などの意見は今でも根強く潜在している。かつて筆者はこの状況を打破したいと考えていた。ここにおいて浅田（1992b）が取ったスタンスは、「古典を学ぶことがいかに素晴らしいか」などといった、筆者の思いを主観的に論述する方向性ではない。

ここではまず、従来多く論じられてきた古典教育意義論と古典教育無用論の特徴を分析した上で、それらが論者による価値観の違いを排除していないがために議論が平行線になって今日に至っていることを指摘した。そしてこの状態を止揚するためには、平行線になりがちな議論を生む原因を取り除いて考えなければならない。そこで根本に立ち返り、現在の制度・習慣や、価値観の違いが現れやすい要因を、可能な限り排除して考え直す必要があることを指摘し、

「現在の学校教育制度に関わりなく、我々が古典というものを学ぶと、事実としてどのようなことが起こるか」を検討した。ここにこそ、この研究の独自性があると考えている。

やや長くなるが、数か所引用する。

> さて、現象面のみを考えるならば、「古典教育」は究極的には「古文(いわゆる文語文)を読むことの指導」である。ただしこれは無条件のまま提示すると誤解を生む恐れがあるので、3点ほど条件を加えておきたい。
>
> まず国語教育上の問題なので、「古典」は「言語作品」に一応限定する。そして、ごく常識的に考える限り、その「言語作品」のほとんどが文語の作品になるはずである。
>
> 第2に、現代語訳や翻案教材を用いるか否かは方法論上の問題であり、本質論ではない。原文を一切用いないのであれば、形式的には「現代文を読むことの指導」と変わりがなく、「古典教育」は、「古典」に伴う価値だけがその中心的関心事となってしまい、価値観を可能な限り排除するということでの趣旨に合わなくなる。
>
> 第3に、「漢文教育」を「外国語教育」と同一視する意見が時折出てくるが、「漢文」は作品の内容や成立事情を別にすれば、「漢文体」という日本語の文語文体であり、中国語で読むのでない限り「外国語」ではない。その意味で、漢文は古文の一種である。従っていわゆる「漢文教育」も「古典教育」に含めてよい。

そして、「古典」に伴われる価値(特に教材となる作品の内容的価値や文学史的価値)は一旦除外し、まずは言語教育の場で文語文を用いるということ自体の意義について考え、次のように述べた。

> 文語文を教材として用いる以上、教育方法の如何に関わらず、何らかの形で行わなければならないことがある。それは、文語文と口語文との対照である。相当に学習が進んでいる等の理由で口語文と対照する必要がない場合を除き、文章や口頭で教師が示すなり、学習者が調べるなりといった、何らかの形での口語文との対照が必要なのは言うまでもなかろう。そしてその対照をすることを通して、学習者に文語的表現に関する「言語感覚」が育成されることだけは、最低限の意義として期待できるはずである。

そしてさらに、

> ところが、従来の論には「なぜ古典教育によって言語感覚が磨かれるか」ということに関する言及がないという欠点があった。それは、論者による「言語感覚」の捉え方が示されないということに起因する。すなわち、「言語感覚」という用語を「言葉についてのセンス」という程度に漠然と捉え、明確に概念規定をしたり厳密に性格把握をするということなしに、「古典教育」と「言語感覚」との関係が言われてきたわけである。しかしそれではこの両者の関係は曖昧なままである。

とした。そして、ここで前述の「言語感覚」の概念の「重大な一局面」に関する規定を述べた。そしてさらにこれを具体的に古典に当てはめて、

> 「文語文」はここでいう「表現乃至理解される個別的な言表」であり、「口語文」は「言語主体が属する集団における通常の社会言語体系」に当たると考えてよい。そしてその両者の「差異」を「認識乃至感得する能力」が、文語的表現に関する「言語感覚」になるわけである。

とした。

そしてこのあと、文語的表現に関する「言語感覚」をつけることの最低限の意義を述べることになるが、ここには最終的には筆者の価値観も入る。

> 文語に関する言語感覚が育成されれば、例えば古典や歴史などに関わる書物や、あるいは歌舞伎や能楽のような伝統芸能等の、文語的表現を伴う言語文化に親しむ糸口が開かれるはずである。すなわち広範な言語文化への接近をより容易なものにする効果があるわけである。文語に関する言語感覚が全く育成されていなければ、そのようなものに親しむ契機さえも激減することになるであろう。逆に、そうした言語感覚が育成されていることによって様々な言語文化に親しむことが出来るなら、それによって言語生活が充実していくことにもつながるのである。
>
> これらは意義として認められて良いし、悪い意味での「能力主義」や「文化主義」ではないと言えよう。古典教育の最低限の意義は、直接的には言語感覚の育成に大きく寄与するということ、そして副次的には広範な言語文化への接近を容易にするということになる。そしてそれは先の言語感覚の一局面の規定によって支持されるのである。他の意義を考えていく

場合でも、常にこの最低限の意義の上に立って考察するべきであろう。

ここでは、「言語感覚」「言語文化」「言語生活」という３つの用語を用いた。これは後に「言語文化」を論ずるときの布石ともしたものである。さらに論文末尾を引用する。

> 端的に言えば筆者は「古典教育」の大部分を「言語文化教育」として位置づけるべきだと考えており、上記以外の意義も認めているのであるが、短く述べてしまうと誤解を招くので、詳しくは別稿に譲る。いずれにしても古典教育の存在理由を問題にする場合は、まず上記の意義の確認から始めるべきであると考える。この点を無視した古典教育無用論は、古典の教材化の可能性を全否定してかかる不毛な極論になってしまうであろう。

この引用箇所の前半で、浅田（1992b）は「言語文化教育」という視座（観点）を提示している。その内容は本章6で説明したい。また、平成30年版高等学校学習指導要領における古典の扱いは、訓詁注釈に留まらない古典の教材化の可能性を具体化させた画期的なものと評価したい。

［補説］

浅田（1992b）では筆者個人の価値観を極力排除して、古典教育の最低限の意義を抽出するという方針で論述を進めたが、そもそも価値観を完全に排除すると「意義」は論じられない。すなわち「最低限」ではない意義も考え合わせている。それは、上記の表現で言えば「広範な言語文化への接近を容易にする」ということだが、別の言い方をすれば「良質の教養教育を行う」というものである。「良質の」と述べているのは、いわゆる「教養主義」として悪い意味で用いられる、知識・技能偏重で詰め込み型の教養教育ではなく、人生を豊かにするための教養教育としての意義である。

浅田（2008a）は次の２点を提案している。まず「『教養』の重要性」である。

> 私は本学会（浅田注：日本国語教育学会）の第六九回国語教育全国大会二日目（平成一八年八月九日）に「古典の授業づくり」のワークショップ講師を担当させていただき、その折の研究要項に、次のように記した。
>
> > 私は、「教養」自体は悪いものだとは考えていません。「教養主義」とか「詰め込み教育」などと批判される知識偏重に陥るのではなく、

良質の教養を養うことは、人間形成の上で大変重要だと思っています。

学齢が上がるほど、教科教育の内容は実用より教養の面が強くなって当然である。無意味な詰め込みは論外だが、知識偏重を恐れる余り、覚えるべきことまで覚えさせずにおく傾向が、国語に限らず最近の学習指導要領では強すぎて、かつての常識が失われてきている。(中略) 教養がないとレディネスが備わらないため、話題について行けない。それで「文章が読めない」「話が聞けない」などの現象が増加する。(中略) それに合わせて文章を易しくし、話をわかりやすくするだけでは、悪循環を招く。わかりやすくする工夫は必要だが、教養が軽視されると、その後の学習の不成立を招く。

次に、「教師の演技力」についても言及した。これは本節の内容とは直接関わらないが、後掲する実践との関連で必要なので、ここに併記しておく。

もちろん、話を聞かせるためには教養さえ備えればよいわけではない。(中略) 教師にとって必要なのは、自らの演技力であろう。話題そのもので生徒を惹きつけることが難しい場合でも、話し方・見せ方で惹きつけられることは多いものである。周到な教材研究と、教師自身の豊かな教養を基礎に、広い意味での教師の演技力が加われば、講義形式の授業も十分魅力的である。私自身も研修の必要な身であるが、話し方教室、朗読教室、演劇ワークショップといった研修機会を増やしていく必要があろう。

3 「文体干渉」について

さて、古典教育では「言語抵抗」(または「言語的抵抗」) という言葉がよく用いられる。「言語抵抗によって学習者は古典学習に困難を感じる」という類の言説もよく耳にする。本節ではこの「言語抵抗」に関連して、「文体干渉」という考え方について紹介し、次節で「言語抵抗」について論じる。「文体干渉」という言葉は耳慣れないものであるが、これは「言語干渉」という用語をアレンジした筆者の造語である。

学習心理学や外国語教育 (第二言語学習理論) で言う「言語干渉」とは、簡潔に言えば「母語に関する知識や習慣が外国語学習に持ち込まれることにより、不適切な効果が生じること」である。例えば、英語の ‘Don't you go home ?’（家へ帰らないのですか？）という質問に対し、日本人が「はい、帰りません。」というつもりで ‘Yes.’ と答えてしまったり、あるいは同じ質問に対する ‘No, I don't.’ という英語の答えを、日本人が「いいえ、帰ります。」と解してしまう場合などは、日本語から英語への干渉の一例である。

「干渉」は「負の転移」であるが、「転移」には「正の転移」もある。つまり干渉は2つある転移のあくまで一方なのであって、正の転移と併せ考えるべき問題である。上述の ‘Don't you go home ?’ の例で言えば、「家へ帰らないのですか？」という日本語の意味を知っているからこそ、この英文の文意が理解できるのである。これは正の転移である。しかし通常の日本語では「はい、帰りません。」などと返事をするので、その知識が干渉作用を起こして「誤答」を招くわけである。ただしこれは、見方を変えれば日本語の習慣が学習者に備わっているがゆえの誤りであり、いわば既有知識が邪魔をしているわけである。

これは異言語間での干渉作用なので「言語干渉」であるが、口語文と文語文との間で起きる干渉作用は、「異言語」間のものではない。通時的変化によって引き起こされた、文体の違いによる干渉作用である。それゆえ「異文体」間の干渉が起きる場合、これは「文体干渉」と称することが適切であると考える。

なお、ここで言う「文体」は「和文体」「漢文体」「和漢混淆文体」などの他、「紫式部の文体」「西鶴の文体」といった個人の文体も含む。また、漢文も訓読する限りは日本語化しているので、日本の文語文体の一種である。

具体例を挙げよう。浅田（1994a）から引用する。

> では、現実にどのような「文体干渉」が見られるか。まず典型的な一例を挙げる。次の文章は永井龍男の随筆の一節である。
>
> > 「ふるさと」という唱歌があって、「うさぎ追いしかの山、小鮒釣りしかの川」というような文句がある。……（中略）……数年前のこと川崎市の小学校の先生が、このごろの子供たちは、「うさぎおいし」という文句を、うさぎの肉はおいしいと独り合点して歌っていると、ラジオで話しているのを聞いたことがある。
>
> この例は、勿論「し」が過去を表していることを知らなかったために起こった誤解であるが、見方を変えれば、現代語に関する知識（ここでは

「おいしい」という語に関する知識）があるが故に、文語文に対して誤解を起こしたものである。これこそ「言語干渉」と同様の現象であり、すなわち「文体干渉」の好例である。

浅田（1994a）では古文の指導の中で見られた実例を、あくまで便宜上「表記」「語彙」「文法」の３つの面から挙げて考察したが、実際にはこれらが絡んでいるものもあり、また、文法で用いられる付属語等も「語彙」の一部であるから、明確に分けることはできない。それを承知でいくつか挙げてみよう。

例１　「さいふをみなあり。」を「財布を皆あり。」と読んでしまう場合。

例２　「みな同じく笑ひののしる」（『徒然草』）の「ののしる」を「罵倒する」と解する場合。

例３　「夏は来ぬ。」の完了の助動詞「ぬ」を現代語の打消の助動詞と誤解して「夏が来ない。」と解する場合。

例１から順に、表記、語彙、文法上の干渉によって起きた例である。

そして、これらによって「文体干渉」を以下のように定義した。

文体干渉とは、現代語・口語文体に対し、主として通時的変化により非日常的になった同じ言語の古典語・文語文体を学習する際、現代語・口語文体に関する知識や習慣を古典語・文語文体に持ち込むことにより、不適切な理解や表現を導く効果である。

定義の最後に「効果」とあるのは、学習心理学等で用いられる意味の「効果」であり、負の作用も含む。

学習者には、「わかること」を基にして推測し、結果として誤答に至ってしまうことがままあるが、教師はこれを単に「誤り」として切り捨てるだけであってはなるまい。学習者がわかっている部分に目を向けてあげることが、実際の学習指導ではもっと重視されてしかるべきである。

なお、言語学習が進んでいくにつれ、「干渉」とは逆に「過剰般化」が起きる場合も出てくる。例えば、「私は学校に行っています。」（＝私は学生です。）という表現を英語にするとき、‘I go to school.’とすべきところを、‘I am going to school.’（＝今は学校に行っているけどすぐに行かなくなる。）と言ってしまうような場合である。これは現在進行形を習った学習者がよく起こす過剰般化の例である。これが古文では、例えば「おろかなり」が現代語と同じ

「愚かだ」の意味で用いられている箇所まで、常に「おろそかだ・疎遠だ」などと訳してしまうような場合である。これも、知識があるがゆえの誤りであることを教師は理解しておくべきであろう。

4 「言語抵抗」の概念

さて、前節を受けて、「言語抵抗」の概念規定を示しておきたい。かつて「言語（的）抵抗」という語は、何の概念規定もないまま使われていた。また、その内容の説明として、仮名遣い、文法、古語、その他古文特有の語法などが挙げられていたりもしたが、これらはあくまで言語要素であって、これ自体が「言語抵抗」ではない。もちろんこれらの言語要素は言語抵抗を生み出す要因にはなる。だが浅田（1995）は、「抵抗」とは学習者の「抵抗感」を表すのであり、言語要素自体が抵抗なのではないことを指摘した。また、上記の他に、敬語やレトリックなどの文体的特徴や、文化的背景（古典の場合は俗に「古典常識」とも呼ばれるものも含む）、コンテクストなども言語抵抗を生み出す要素にはなる。これらも、あくまでも要因であって、抵抗自体ではないことを指摘した。それでは、「言語（的）抵抗」とはどのようなものか。ここではまず、浅田（1995）による定義づけと、その局面の分類を先に挙げる。

> 言語抵抗とは、現代語・口語文体と古典語・文語文体の意味用法の相違ないし相同によって学習者に生じる、古典語・文語文体による文章の正確な理解が阻害されている心理的状況である。

そして古典教育における「言語抵抗」は、「言語要素」「文体的特徴」「文化的背景」などをその要因とし、次の２種５項の局面を持つ。

(1)負の転移による抵抗
- a　干渉
- b　過剰般化

(2)仮説設定による抵抗
- a　仮説設定不能
- b　仮説設定不全
- c　仮説設定困難

⑴⑵の局面は相補的なものではなく、相互に関係し合うものである。

ただしこれらは「古典教育」の場面においてのみ見られるとは限らない。現代文や外国語の読みの学習においても同様のことが言えるはずであり、また、「抵抗」は表現活動においても生じ得る。

これについて、少し解説を加えておきたい。

まず定義については、学術的な厳密さを抜きにして言い換えれば、「現代の文章と古典の文章との間で、意味用法が異なっていたり同じだったりすることが原因で、学習者が古典の文章の正確な理解を阻害されているという心理的な状況である。」ということになる。

これは通常は「今と意味用法が異なっていることが原因で起きる抵抗感」で、一般的には干渉（前節の語で言えば「文体干渉」）による抵抗感ということになるが、実際には「ものによっては現代と同じ意味になっていることを知らなくて理解が及ばなかった」などという場合も生じる。（前節の「おろかなり」がその例。）これは過剰般化による抵抗感である。これらは、上記の２種５項の局面のうち、⑴負の転移による抵抗のａとｂに当たる。

一方、⑵の「仮説設定による抵抗」とは何か。学習者は古文でも現代文でも、「これはどのような意味か」を考えながら（＝文意についての仮説を設定しながら）読み進める。現代文の中でもわかりやすい文章の場合、ここで抵抗を感じることは比較的少ないが、古典の文章の場合は「これはどのような意味か」を考えることについて、

ａ　できない（＝わからない）場合

ｂ　考えた結果が誤りだった場合

ｃ　考えた結果は正しかったが、考えなければ理解できなかった場合

の３通りが多いと言える。このような時に、「仮説設定による抵抗」が生まれると考えられる。

また、これらは現代文の文章を読む場合でも、表現活動を行う場合でも、ともに発生しうるものである。難しい評論を読む場合や、作文を書くためにいろいろ考えなければならない場合などを思い浮かべれば明らかであろう。

5 語用論について

これはもちろん筆者の考え出したものではない。ここでは実践のために依拠した理論のうち、本書を著すに当たって不可欠なものを概説し、併せてその実践のあらましも述べておきたい。なお、以下の内容は浅田（2008b）に基づく。

筆者は国語教育における「演劇的活動」を念頭に置いた場合、語用論に基づくことで新たな単元開発の指針を示せると考えている。学習者に語用論に関する予備知識を授け、これによって培われるメタ言語能力を用いて脚本を創作・実演する中で、会話の意識化を図るというものである。中でも、グライス（Grice,H.P. 1975）による協調の原則と会話の公理は特に有用である。このグライスの理論は、その後批判的検討が加わって、例えばスペルベルとウィルソン（Sperber & Wilson, 1986）によって「関連性理論」として修正されるなどしているが、会話に関する原則をある程度体系的に教材化するには、グライスの理論を基本に据えて援用するのが有効であると考える。

グライス（1975）の協調の原則の概要を、山梨正明（1986）・小泉保（1990）・町田健・加藤重弘（2004）の言説に基づき、学習者向けにわかりやすく示した形で列挙しよう。「協調の原則」とは、簡潔に言えば「会話の参加者は、その会話の継続のために協調する義務を負う」ということであるが、これは以下の４つの「公理」と、その内容としての９つの項目から成る。

［A］量の公理
　①必要な量の情報を発話に盛り込め。
　②必要以上の情報を発話に盛り込むな。
［B］質の公理
　①間違っていると思うことを言うな。
　②十分な証拠のないことを言うな。
［C］関連性の公理
　①関連のあることを話せ。
［D］方法の公理

①はっきりしない表現は避けよ。
②解釈が分かれるような言い方をするな。
③簡潔に話せ。
④順序よく話せ。

授業ではこれに関連するいくつかの理論を、小泉（1990）や町田・加藤（2004）に依拠しながら紹介したが、中でも特に重視したのが「含意」と「推意」である。学習者向けには以下のように示した。

①「含意」＝論理的に含まれる情報で、常に成立する論理関係をなす。
（例）優子は今ヨーロッパを旅行している。……文P
　　　優子は今ヨーロッパにいる。……文Q
→「Pであれば、必ずQである。」が成立する。このとき、「文Qは文Pの《含意》である」という。
※一般的に「含意」という言葉は、①と②の両方を意味するが、語用論では特に①のみを「含意」という。
②「推意」（語用論的含意）＝慣習的に含まれる情報で、成立することが経験的に見込まれるが、必ず成立するわけではない。
（例）A「コーヒーでも飲まない？」……P
　　　B「私、コーヒーは苦手なんだ。」
→普通は、Bのように答えれば、Q「私はコーヒーを飲まない。」と言っていると考える。この場合、文Pから得られたQを、「推意」という。（グライスは、「会話の推意」と呼んだ。）
※推意と含意の違いは、「推意はたいてい成り立つが、成り立たないこともある」という点。Aに対し、Bが次のように言っても許されることから確認できる。
B「私、コーヒーは苦手なんだ。でも、今日は飲んでみようかな。」
（推意の取り消し可能性）

さらに２点、援用する。まず１つ「夕形」の用法である。過去や完了を表す助動詞「た」の用法の中で、例えば、「この先の交差点は、右折禁止だったと思う。」などのように、明らかな現在のことについて述べる用法がある。これについて町田・加藤（2004）は、「《長期記憶を参照したことをマークする》機能」と説明している。

もう1つは、文末の「よ」と「ね」の用法の違いである。例えば「私は寒いよ。」は自然であっても、「私は寒いね。」と言うと不自然である。逆に、「君は寒いね。」は自然であっても、「君は寒いよ。」は不自然である。これは神尾昭雄（1990）によって提唱された「情報のなわ張り理論」によって説明されている。しかしそのままでは学習者向けにはいささか難解なので、筆者はその原則を以下のように簡潔に示し、その例外についても補足した。

①自分のなわばりにある情報にヨをつけることはあるが、ネはつけない。
②相手のなわばりにある情報にネをつけることはあるが、ヨはつけない。

これらを用いながら、学習者に対し語用論の基本的な考え方の一部を理論的に示し、メタ言語能力の向上を図った上で、それを実際の会話場面で意識化させる試みを行った。これは筆者が現代文の授業を担当した年には、平成18（2006）年度以降は毎年のように行っており、平成24（2012）年度以降はこれに加えてリーチ（Leech）による「丁寧さ」の原理（グライスの「会話の公理」を補完するものという性質がある）を加えている。学習者向けに示しているのは、町田・加藤（2004）らの整理をやはり学習者向けにわかりやすい表現で、以下の6つの「公理」に整理したものである。

①気配りの公理……他者への負担を最小限にせよ。
（＝他者への利益を最大限にせよ。）
②寛大さの公理……自己への利益を最小限にせよ。
（＝自己への負担を最大限にせよ。）
③是認の公理………他者への非難を最小限にせよ。
（＝他者への賞賛を最大限にせよ。）
④謙遜の公理………自己への賞賛を最小限にせよ。
（＝自己への非難を最大限にせよ。）
⑤同意の公理………自己と他者との意見の不一致を最小限にせよ。

（＝自己と他者との意見の一致を最大限にせよ。）
⑥共感の公理………自己と他者との反感を最小限にせよ。
（＝自己と他者との共感を最大限にせよ。）
※①と②、③と④は、それぞれ対をなす概念。⑤・⑥は独立している。

実践のあらましは以下の通り。

時期は平成19（2007）年２月下旬～３月上旬。対象は、東京学芸大学附属高等学校第１学年３学級（各学級とも男女ほぼ同数で学級の人数は各45名）。科目は「国語総合」の現代文・表現分野で、単元名を「会話の仕組みを探る―日本語語用論について―」とした。この実践はその後も数回行っている。そして筆者はこの実践で「演劇的活動」を採用した。筆者は高等学校国語科における演劇の再評価を企図しており、教材の面でも指導方法の面でも、演劇を有効に取り入れていくべきだと考えている。しかし、そのためには単に戯曲を教材化するだけでは先細りすることが明らかであり、言語論や教育方法論も取り入れた、新たな角度からの取り上げが必要である。本実践も、そういった問題意識から開発したものである。なお、「演劇的活動」の意味や具体例については、本書の第６章を参照されたい。

具体的には、上記の語用論の観点を学習した後、班別に短い会話台本を作成させ、その中にこの観点で作った台詞を盛り込ませ、発表（演示）するというものである。言語意識を高めるために、演劇の創作を具体的な活動として用いた実践である。単元の指導目標は３点あったが、重要なのは以下の２点。

1　語用論の観点のうち特に「推意」について知ることで、新たな言語的知識を得る。

2　台本の創作と発表を通して、会話の進行についての認識を深める。

指導計画は以下の通り。

第１時　単元名と同じ表題のプリントを用いて、語用論（特に推意）について学ぶ。

第２時　グループで短い会話台本を創作し、提出する。

第３時　発表学習。創作した台本を演示し語用論的観点について説明する。

第４時　第３時の続きを行い、語用論の有効性を考える。

この授業の具体的な報告は浅田（2008b）を参照されたい。本書では、これを発展させた形での実践に関する総括的な検討を第6章で行うこととする。

6 「言語文化教育」という観点

さて、本節は本書の書名にもある通り、「言語文化教育」という考え方を提示するものであり、その意味では本書では最も重要な理論的支柱になる。これは浅田（2000a）を要約してもかなり長いものになるが、その後に加わった状況もあるので、簡明にしつつも最低限必要なことは盛り込んで述べていきたい。

「言語文化」という言葉は、無定義のまま感覚的に使用されることが多いが、この語義に関する捉え方には、幅ないし揺れがある。

まず、「教科」とは何かについての確認を行おう。「教科」の定義や説明を今野喜清（1974）・伊藤隆二（1990）らによってまとめると、「教科」は文化遺産（文化財）を教育的観点から組織したものであり、「教科指導の目的」は体系的に組織化された文化内容を教授することにより、学習者を「陶冶」することであるとされている。従って国語科は「国語（日本語）に関し、教育的観点から組織した文化遺産（文化財）の体系」である。もちろん、国語科教育の目的はこの面からの学習者の陶冶だということになる。

では「文化」とは何か。ここでは祖父江孝男（1979）、田近洵一（1974）、Williams（1981）らの先行研究によって、「文化」には少なくとも次の4つの性質があることを指摘したい。①言語によってつくられていき、②その全体が記号的な性質を持ち、③広義には「生活様式」全体、狭義には「より豊かなもの」を表すが、④いずれにせよ人間が作り出したあらゆるものを「文化」と呼ぶことができ、その中には「言語」自体も含まれる。

これを「教科」の定義と合わせると、次のことが言える。

すなわち、国語科教育も教科教育である以上、その教科内容とされるものは全て、言語教育的観点から組織された、言語に関する文化財の体系である。文化は言語の存在を前提とし、しかも記号的（言語的）な性質を持つ。かつ、言語自体も文化であり、従って文化としての教科内容の範疇に入るとともに、言語による作品や表現法など、あるいは言語によって営まれる生活の様式も、全て言語に関わる文化であり、従って国語科の教科内容の範疇に入る。そして国語科教育は、この面からの学習者の陶冶であるということになる。

では国語科で言う「言語文化」とは、どのように把握すればよいか。

これについては、「国民言語文化体系」という造語を案出した垣内松三(1937)を筆頭に、西尾実(1951)、輿水実(1960)、北川茂治(1993)、湊吉正(1976)の論考が欠かせない。特に湊(1976)は、垣内(1937)や西尾(1951)を踏まえつつ、人間の生活世界に「体系的領域」「生活的領域」「文化的領域」の3領域を設定し、それに基づいて、言語的世界に「言語体系」「言語生活」「言語文化」の3領域を立てている。そのうち「言語文化」は、「文化価値をになう言語作品・言語活動様式」とされ、「必ず相互主観的な文化価値がになわれている」とした上で、(ア)伝承的文化と発展的文化、(イ)作品的文化と様式的文化、の2種の種別を立てている。そして、これらを国語教育の場において考える際に、「言語生活」を「国語科の内容を構成する最も基盤的なレベルをなすもの」とし、「そこから、言語体系のレベルへの下降的運動と、言語文化のレベルへの上昇的運動とが把握されてくる」と述べて、言語生活、言語体系、言語文化を、右図のような「国語科の内容を構成する三つの基本的レベル」として位置づけた上で、次のように説明する。

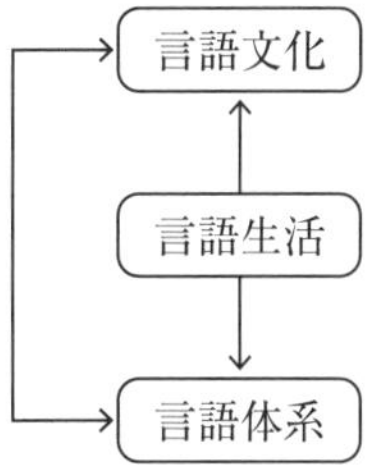

> 言語文化は、文化価値をになった、伝承されてきたものとしての性格と新たに発見されたものとしての性格を二つながらそなえた言語作品・言語活動様式として説明されうるものであるが、さらにそこに、伝承的性格が前面に出ているタイプと発見的性格が前面に出ているタイプとが識別されるであろう。国語科教育の学習と指導の過程の中では、文学関係の古典(古文・漢文)と現代作品、非文学関係の古典(古文・漢文)と現代文が教材として扱われるような場合が、ここに直接かかわってくることになる。

すなわち、文化価値の認定によっては言語に関わるあらゆる事象・現象が「言語文化」と見なせるということになる。特に湊(1976)は、「地方語的体系」「標準語的体系」の双方を、「言語体系として把握されると同時に、文化価値的観点から様式的言語文化の形態としても把握される可能性をもつ」とも述べており、ここからもわかる通り、「言語体系」自体にも「文化価値」が把握できることが示されているのである。

これらに基づいて「言語文化」の特質をまとめると、次のように言えよう。

「言語」自体、および「言語」によって作り出されるあらゆる事象・現象（「生活」を含む）は、全て「言語文化」としての側面を持つ。ただし、そこに人々がどのような文化価値を認めるかによって、社会通念としての「言語文化」の内容が変わってくることになる。

ところで、最近は多くの大学で「言語文化」の名を冠する学部・学科等が設置されてきており、その状況の中で「言語文化学」が構築され始めている。また、2014年には「言語文化教育研究学会」も発足し、専門の立場で「言語文化」ないし「言語文化学」と言うとき、その領域は言語自体、もしくは言語が介在するあらゆる事象・現象が、広く考察の対象になっている。

以上を総合すると、「言語文化」の概念には、次の２つの部面が見出せる。

① 広義の言語文化。言語自体、および言語が介在する現象・事象のすべて。言語研究・文化研究の専門の立場では、この意味で考えられることが多い。

② 狭義の言語文化。言語によって作り出される、有形・無形のまとまりを成すもので、「より高いもの」「豊かなもの」というニュアンスを帯びる。一般に「言語文化」と言う時は、この意味で考えられることが多い。

筆者は、「言語文化」と言う時、上記①の意味で捉えることを基本にするべきだと考えている。そして、②の意味で用いる時には「狭義の言語文化」と称するのが適切であると考える。そして以上より、次のように言えるであろう。

教科は文化の体系であり、従って、国語科は国語（日本語）に関する文化の体系である。（同様に、外国語科は外国語に関する文化の体系である。）そして「言語文化」を広義に捉えるならば、学校における言語教育は全て言語文化の教育である。人間は文化としての言語生活を営み、その根底には文化としての言語体系があり、これらの文化的価値を認めるところに言語文化という捉え方が生まれ、その全てが言語教育の教科内容の範疇に含まれるのである。

筆者は、本章[2]の初出論文である浅田（1992b）において既に「言語文化教育」という考え方を提示し、浅田（2000a）においては、この言語教育の教科内容の範疇に含まれる、言語に関する文化（＝言語文化）を教材（または学習材）として用いる教育を、「言語文化教育」と命名した。そして、「全ての言語教育は言語文化教育である」という視座（観点）を設定することを提唱した。

ただしこの視座は、「言語教育」を見る場合の、現象面からの見方である。筆者は、言語の文化的な面にばかり重点を置いて教育活動を行うべきだと主張しているわけではない。言語教育は、重点の置き方によってその全体を「言語体系教育」とも「言語生活教育」とも見なすことが可能である。場合によっては「言語技術教育」と見なすことも可能であろう。これはちょうど、同じ日本語の文法が「橋本文法」「山田文法」「時枝文法」「北原文法」などのように、特徴の見出し方によって説明の仕方が異なることに類似している。

ただ教育の場合は、指導者の主義・主張によってその現れ方が変わってきてしまう。だが筆者は、主義・主張とは別に、事実はどうであるかを問題にしている。すなわち、言語の教育を行う以上、そこでは好むと好まざるとに関わらず、常に言語文化が素材になっているという事実があるのである。本章[2]で言及した古典教育無用論のように、そこで扱われる言語的な事象・現象に文化価値を認めないのでない限り、実際には文化価値（これが教育の場では教育的価値になる）を指導者が認定したものが教材となっているのである。

ではこうした視座の設定にはどのような意義があるか。それは、国語科のカリキュラム作成上の意義である。これは、学習指導要領とか年間指導計画作成といった、制度や枠組みとしてのカリキュラムばかりではなく、指導者の即時判断によって教材化される事柄を含んでいる。つまり、「教育内容決定上の意義」である。

例えば、小学校で平仮名や片仮名を教えていく時、こうした文字には計り知れない文化的価値がある。他の何物にも優先して教えるべきことが、低学年であればあるほど多いのは当然である。一方学齢が上がってくると、例えば古文・漢文といった、比較的難度の高い教材が現れ、高等学校でその指導が本格化する。こうした、それ自体「豊かな文化」と認識され、逆に言えば「必要不可欠ではない」と思われかねないものでも、「平仮名・片仮名と同様、言語文化である」と捉えることによって、どの段階でどの程度の教育内容として扱うべきかが判断されてくるであろう。少なくとも、実用的か否かとか、教える必要があるかないかといった程度の二項対立に基づく取捨選択はなされなくなってくると見られる。そして、例えば仮に「古文・漢文は高等教育段階に移行すべきだ」という意見が出されたとして、その妥当性を考える基準の一つを、「言語教育＝言語文化教育」という視座に求めることが可能になる。各素材が学校で扱われる言語文化全体の中でいかなる位置を占めているかを考えることによって、その学習量や程度を決定していく１つの指標となり得るのである。これは、初等教育段階から高等教育段階までを統一的に捉え、その全体の中で教育内容を決定していくための重要な視座であると考えられる。

生活言語から古典文学に至るまで、どの段階でいかなる文化的価値を教育内容と捉えるかで、教育内容が決定されていく。その際に、言語教育の全ての内容を言語文化と捉えることで、初めてその文化的価値全体を一つのレベルで見ることが可能になり、特に遺産性の強い古典や文学の、不当な軽視や過度な重視を避けることができるのである。

7　古典教育を国際理解に資するための方法的視座

本章の最後に、後に掲載する実践に関連するものとして、浅田（1994b）の骨子を掲げておきたい。

浅田（1994b）は、昭和60（1985）年の臨教審答申や、平成元（1989）年版学習指導要領およびその解説で当時示された、「古典教育は国際理解のためにも重視すべき」という論調に対し、賛成の立場に立ちながらも、

> 「国際理解」と「自国の文化・伝統への理解」が、十全な説明もなされぬまま関係づけられてしまっており、非常に説得力を欠いた記述になっていることは否めない。

と指摘し、これらの関係づけと実践上の方法を提示するために、「世界人権宣言」、「ユネスコ憲章」、ユネスコのいわゆる「国際教育勧告」を基盤としつつ、湊（1976）などにも依拠しながら、２つの方法的視座を提唱した。結論は以下の通りである。

> まず一つは、日本のみならず世界の「言語文化」について知らせること。
> 日本の古典及び日本文化については、従来の古典教育でもかなりの知識が

提供されてきたが、それを世界の古典や文化と比較することをねらった姿勢での提供ではなかったといえる。そしてそれ以上に、他国の古典に関する情報が必要になる。そのためには、他国古典の翻訳や解説文、あるいは他国語についての説明文などが、教材化される必要がある。なお、「言語以外の文化」については、言語教育としては副次的なものなので、必要に応じて知らせる程度でよいであろう。

もう一つは、「言語生活」としての古典の学習指導の場面において、提供された知識に基づいて、日本の古典と世界の古典を比較考察する活動を、意図的に採り入れるということ。その際には、日本の古典を相対化し、可能な限り客観的に考察しようとする姿勢が、指導者・学習者とも必要であろう。そしてその活動を行う以上、文化相対主義の観点が不可欠である。相対主義の欠点も指摘されていることは確かだが、少なくとも古典的な言語作品に関しては、相対主義の立場に立って考えられることが、最も重要であると見られる。そうしてこそ、日本の古典の特質もより的確に把握し得ると思われるからである。

そして、これを実践に移すに当たっての留意点を２点、次のように指摘した。これも引用する。

まず第一に古典教育を、（中略）基本理念の実現を目指す異文化理解の一貫としての「言語文化」理解と捉えることが必要であろう。政策的すなわち国益優先の国際化ではなく、真の友好関係を志向する国際化と、その国際化に貢献する古典教育という意識が、教師に求められてくるであろう。

第二に、当然ながら国語科教育は国際理解を目的とするのではなく、その一翼を担うものに過ぎない。国語科は言語の教育であり、国際理解のような道徳教育的性格の強い問題は、国語科を含む学校教育全体で考えるべきことである。国際理解を重視するあまり、古典教育の意義の全体を見失ってはならない。

これを念頭に行った実践は、第３章で述べることにする。

〈引用・参考文献〉

A.L.Kroeber & C.Kluckhorn eds.（1956）, *Culture:A Critical Review of Concepts and Definitions*

Grice,H.P.（1975）, Studies in the Way of Words, Harvard College（清塚邦彦訳『論理と会話』1998　勁草書房）

R.Williams（1981）, *The Sociology of Culture*, The University of Chicago Press, p.13（レイモンド・ウイリアムズ著、小池民男訳『文化とは』1985　晶文社）

Sperber & Wilson（1986）, *Relevance. Communication and Cognition*, Oxford: Blackwell（内田聖二・中逵俊明他訳『関連性理論―伝達と認知―　第２版』1999　研究社）

伊藤隆二（1990）「教科」『新教育学大事典　第２巻』第一法規出版　p.397

垣内松三（1937）『形象論序説』（『垣内松三著作集第四巻』1977　光村図書　pp.239～240より引用）

神尾昭雄（1990）『情報のなわ張り理論』大修館書店　p.21

北川茂治（1993）「言語文化」『現代学校教育大事典３』ぎょうせい　pp.29～30

小泉保（1990）『言外の言語学　日本語語用論』三省堂

輿水実（1960）「言語文化」『国語教育用語辞典』明治図書出版　p.77

今野喜清（1974）「教科の本質と構造」『現代教科教育学大系第一巻』第一法規出版　p.170

祖父江孝男（1979）『文化人類学入門』中央公論社（同書の増補改訂版（1990）p.39より引用）

祖父江孝男（1993）「文化」『現代学校教育大事典６』ぎょうせい　p.119

田近洵一（1974）「言語と文化」『現代教科教育学大系　第二巻　言語と人間』第一法規出版　pp.18～31

西尾実（1951）『国語教育学の構想』筑摩書房　pp.46～49

町田健・加藤重弘（2004）『日本語語用論のしくみ』研究社

湊吉正（1976）「言語生活と言語文化」『教育学研究全集11　現代社会によりよく生きる教育』第一法規出版（湊吉正著「言語体系・言語生活・言語文化」『国語教育新論』1987　明治書院　pp.10～22より引用）

山梨正明（1986）『発話行為（新英文法選書第12巻）』大修館書店　pp.151-152

第2章

論考としての教材研究と教材開発

以下の本文中でも言及するが、本章標題における「論考としての」とは、「文学研究・語学研究の手法を用いて行った作品分析としての」という意味である。日々の授業に取り組んでいると、時には教師用指導資料にも専門書にも記述のない部分で疑問を覚えたり、そこに力を入れて授業を計画したくなることがある。その際に必要なのは、そうした記述のない部分を文学研究や語学研究の手法によって、可能な限り考究しておくことであろう。特に古典では、原文を扱う以上は「その文章だからこそ目を向けるべき表現」を検討しておく必要があると考えているが、これは現代文でも同様である。

その意味で本章では、表現に着目して学術的に考察した、古典の教材研究２本と現代文の教材開発１本を掲げる。なお本書には掲載しないが、浅田(1999) はこの趣旨で考察したものであることを付言しておきたい。

1　柿本人麻呂「泣血哀慟歌」の教材研究

はじめに

本節では『万葉集』におけるいわゆる「泣血哀慟歌」(207～216番歌) のうち、207番歌を中心にその教材研究を試みる。特に、古典の作品の原文（もちろん原則的には、学習者の発達段階等を考慮して書き改めた「原文」を指す）を教材とする場合の、言語教育的観点から見た「指導上の重点」の抽出を目的とするものである。ただしその前提として、まず次の２点に関し筆者の立場を明確にしておきたい。すなわち、「本節における『教材研究』の範囲」「古典教育の意義と方向」の２点についてである。

1　前提

1.1　本節における「教材研究」の範囲――論考としての教材研究――

まず本節で意図する「教材研究」の範囲について触れておく。ここでは国語科の読みの指導の場合に限定しておくが、「教材研究」という用語はしばしば無規定で用いられ、特に文学教材や古典教材を扱う場合には、文学研究の専門的な立場で行う「作品研究」と区別されていないという状況が少なくない。もちろん「教材研究」という営みの中には、文学研究の専門的な立場から（すなわち「教育」とは切り離した立場から）行われる部分が含まれて良いし、それが必要とあらば、むしろ大いに行うべきものでもある。だが、１つの論考（論文や研究発表）を「教材研究」と称する以上は、その作品を教育の場で扱う際の教育内容論上の記述、つまり個々の教材の具体的な内容に関する明確な記述が必要なことは言うまでもない。

ところで「教材研究」は、日常の教育実践に密着した極めて具体的なものでもある。すなわち、教師が日常接している実際の学習者の状況を考えながら、どのような授業を行うかという教育方法論上の観点、つまり教材自体とは別にした「授業の進め方」の観点を含むものである。だが、「論考としての教材研究」には通常そこまでは含まれない。「実践報告」でない限り、あるいは、授業の私案ないしモデルを提示するのでない限り、そうした日常的・実際的な部分は省くのが穏当でもあるわけである。

「論考としての教材研究」として、本節ではこの２点からの範囲の措定を行う。すなわち、(a)教育内容論上の観点が含まれていること、(b)教育方法論上の問題や実際の学習者の状況に関する問題は、原則として含まないこと、の２点である。「教材研究」の段階や型については諸説あるが、「論考としての教材研究」とは、例えば野口芳宏（1989）の言う「素材研究」「教材研究」「指導法研究」のうち前二者を合わせたものであり[1)]、また鶴田清司（1991）の言う「教師の〈読み〉という局面（狭義の教材研究[2)]）」に当たるものとも言えよう。本節で意図する「教材研究」は、この範囲においてのものである。なお、「教育方法」は「教育内容」を包含する場合もあるが、ここではこの二者を区別して論じることとする。

1.2　古典教育の意義と方向

古典教育の最低限の意義については既に本書第１章[2]で述べた。より広い視野から言えば言語文化の教育の非常に大きな部分を占めるものと考えられるが、その根底には文語文に触れることで期待できる言語感覚の育成という意義がある。ここで言う「言語感覚」は、本書第１章[1]で述べた言語感覚の一局面に関する規定に基づく。そして実際の古典教育においては、その言語感覚の育成を基盤とし、そこから言語文化への志向を高めていく指導を１つの大きな柱にするべきであると筆者は考えている。

特に言語感覚の育成に関して言えば、単純に文語文に接しそれを現代語と対照することによって育成される場合ばかりではなく、古典における「表現上の特徴」ないし「特徴的な表現」に焦点を当てることによって、より鋭敏な言語感覚を育成していくことが望ましく、しかもそうした表現が、単なる言語形式上の問題ではなく作品の内容上の問題にも関わっているものであれば、なおのことそこへの着目が不可欠であると考える。これが古典教育の方向の１つである。本節はこうした観点からのものであり、単なる教材研究ではなくこの一般論に対する具体例を示す意図で行うものであることを明言しておきたい。

2　「泣血哀慟歌」選定の理由──主として内容面から──

本節で「泣血哀慟歌」を取り上げた理由に、教科書教材としての採用状況は特別関係していない。ただし実際の教科書への採用状況を把握しておくべきであるのは当然である。教科書教材として採用されているもののうち、柿本人麻呂の長歌だけについて見てみると、その数はさほど多いものではない。本節の初出論文執筆時の平成９年度使用高等学校国語科検定教科書に限定するならば、柿本人麻呂の長歌は合計９社12種の教科書で採用されており、うち「近江荒都歌」(29～31番歌）が２社２種、「安騎野遊猟歌」(45～49番歌）が１社１種、「石見相聞歌」(131～133番歌）が６社７種、そして「泣血哀慟歌」(207～209番歌）は２社２種、である。なお、いずれの教科書及び教師用指導資料にも、個々の歌の採用理由は書かれていない。また、本書発刊時（平成30年度使用）の教科書では、泣血哀慟歌は全く採用されていない。

泣血哀慟歌を取り上げた理由の１つは、内容の点からみて学習者の興味・関心に訴えるところが大きいと考えたことにある。例えば近江荒都歌などは、宮廷歌人としての人麻呂の性格を反映した代表作と言えるものであるが、現代の学習者にとっては実感に乏しいものでもある。殊に結末部の「見れば悲しも」などは、ストレートに「悲し」と述べていながら、その「悲し」さが実感しにくいものであろう。(ストレートであるがゆえに表現が平板なものに感じられるという場合もあるが。)もちろんこうした点が近江荒都歌の価値を落としめるわけではないし、学習者の実感に合わなければ教材として不適当だというわけでもない。ただ学習者の実感に合うものならば、学習への興味・関心を深めやすい教材だということにはなるであろう。

「旧都の荒廃への嘆き」より「愛する妻との別離」の方が学習者に実感しやすいものであるとすれば、石見相聞歌も泣血哀慟歌と同様の価値を有するものであると言える。ただし泣血哀慟歌が「死に別れ」であるのに対し、石見相聞歌は「生き別れ」であり、それがたとえ永遠の別離であるにしても、死別ほど切実なものではない。それと石見相聞歌には長大な序詞があるが、この序詞が、長さゆえの面白さ、すなわち「こんなに長い序詞があるのか」と思わせる意外性とも言うべき面白さがある反面、いわゆる「技法」を相当な割合で取り込んでいることで、作品を覚めたものに思わせる場合もあるであろう。(もちろんこれとて石見相聞歌の価値を落としめるものではない。)

以上、主として内容面から泣血哀慟歌を取り上げる理由について述べた[3)]。表現面でも理由はあるのだが、それについては次項以降に含まれることになるので、ここでは措く。

3　泣血哀慟歌をめぐる諸説

現在、『万葉集』に関する教材研究や実践報告にはかなり多くのものがあるが、こと泣血哀慟歌に限定した場合は、管見する限り中西進（1984）が「教材研究」と銘打った唯一の先行文献である。ただしこれは、先述した意味での「論考としての教材研究」に該当するものではなく、いわば「教材研究に資するための『万葉集』講座」という性格が強い。しかも、泣血哀慟歌についてはごくわずかしか触れられていないので、実質的には泣血哀慟歌の「教材研究」文献は皆無に等しい。従ってこの歌に関する先行研究としては、国文学の専門的立場から書かれたものに限らざるを得ないのが現状である。

ところで国文学の立場からなされた研究には、古来この歌の成立過程に関する論争と、しばしばそれと併せて論じられる人麻呂の妻の人物像をめぐる論争があるため、自ずとそれらに焦点を当てた文献が多く提出されている。成立過程に関しては、連作説[4]と非連作説[5]、同時作説[6]と別時作説[7]、人麻呂個人の「私的挽歌」と見る説[8]と、宴席等で公開するために作ったと見る説[9]、それと不可分であるが、人麻呂の経験を歌にしたとする説[10]と、完全な虚構(物語)とする説[11]、およびその両者の中間的な説[12]、さらには、自主的に全部作ったとする説[13]と、210番歌以降は乞われて続きを作ったとする説[14]などがある。また、人麻呂の妻をめぐっては、207番歌の妻と210番歌の妻が同一人か別人かという議論[15]を筆頭に、隠り妻であったか否かの論[16]や、妻の出自に関する推定[17]などが、これまで研究の俎上に上げられてきた。だが少なくとも現時点では、これらに関する決定的な定説――従ってこの作品を教材とする場合にも踏まえておかざるを得ない説――は提出されていない。

今、この作品を教材として学校教育(主として中等教育段階、特に高等学校)の場で扱う最も一般的な場合を想定するならば、1つの長歌とその反歌を詞書と併せて扱うことになると考えて良いであろう[18]。その際、上のような先行研究の成果をどのように踏まえるべきであろうか。筆者の見解を結論的に述べてしまうならば、「ほとんど踏まえる必要はない」と考えている。教師としては、様々な説が存在することをいくら知っていても知り過ぎということはない。だが、あくまで1つの長歌とその反歌(短歌)を詞書と併せて扱うということになれば、連作説を初め、2首以上の長歌があることに基づく諸説は学習指導の際の考慮に入れる必要性がない。また、虚構であるか実体験に基づくものであるかということに関しては、どちらにしても確証がない上、この作品が創作である以上、たとえ実体験に基づいていても多かれ少なかれ虚構性を帯びるわけであるから、少なくとも学習者に対して完全な虚構であったかも知れないこと等を殊更に強調する必要もないわけである。

そうなると、泣血哀慟歌については207～209番歌を、詞書に従って扱うのが最も穏当だということになろう。ただし詞書に従う以上は、自ずとこの作品は人麻呂の経験を歌にしたものだという前提の下で学習指導が進められていくことにはなる。だが筆者としては、そのことを否定する決定的な定説がない以上、学習指導は作品の表現に即して行われるべきものであると考えるし、学習指導を抜きにして一般的な読みのあり方を考えても、表現に即した読みを行うのはごく当然のことだと考えるのである。(もちろん、教師の単元構成によってはこれ以外の場合もあり得る。)

4　207番歌の構造と表現

207番歌に関しては、主として場面に即した観点から、3段構成とする考え方が主流であると思われる。例えば橋本達雄（1977）は、冒頭から「恋ひつつあるに」までの18句を第1段、「渡る日の」から「聞きてありえねば」までの16句を第2段、「我が恋ふる」から最後までの19句を第3段としている[19)]。この分け方は実に穏当なものであり、十分に首肯できるものではあるのだが、前述した言語感覚の育成を重視するならば、場面に即した分け方を考慮に入れつつも、作品の表現に即した分け方を考えることが行われて良いであろう。そこで、ここでは207番歌全体の構造を、その表現に留意しつつ考えてみることにする。

207番歌は、その全体が一文であり、接続関係が明確で論理的な構造になっている（〈図1〉参照)。特に接続関係を示す助詞と接尾語の用いられ方が、作品全体の構成を考える上での有効な指標になると言えるであろう。

ところで、この作品を読解・鑑賞する際に不可欠と思われる事柄の1つに、人麻呂の心情の読み取りということがある。妻の死以後の人麻呂の心情を直接表現する語は作品中には全く使用されていないので、その心情は人麻呂の行動によって読み取ることになるのは言うまでもない。そこで、接続語に着目しながら人麻呂の心情（妻の死以前）や行動（妻の死以後）に即して作品の構成を考えてみることにしよう。

さて、最終的に人麻呂が行った行動は「妹が名呼びて　袖ぞ振りつる」である。これが彼の妻への思いの最終的な発露であり、「袖ぞ振りつる」という強調表現によってその思いの強さが窺えるのであるが、前述の観点に則って、ここに至るまでを図式化してみると、〈図2〉のようになる。

ここで「すべをなみ」を「原因」にも「結果」にも入れなかったのは、これ

〈図1〉

（天飛ぶや）軽の道は　我妹子が　里にしあれ[ば]
ねもころに　見まく欲しけ[ど]
やまず行かば　人目を　多[み]
数多く行かば　人知りぬべ[み]
（さね葛）後も逢はむと　（大船の）思ひ頼み[て]
「（玉かぎる）岩垣淵の」隠りのみ　恋ひつつある[に]
『渡る日の　暮れ行くがごと　（沖つ藻の）靡きし妹は　（黄葉の）過ぎてい行く』と　（玉梓の）使の言へ[ば]
照る月の　雲隠るごと
（梓弓）音に聞き[て]
言はむすべ　為むすべ知ら[に]
音のみを　聞きてありえね[ば]
我が恋ふる　千重の一重も　慰もる　心もありやと　我妹子が　やまず出で見し　軽の市に　我が立ち聞け[ば]
「（玉たすき）畝傍の山に　鳴く鳥の」声も聞こえず
（玉桙の）道行く人も　ひとりだに　似てし行かね[ば]
すべをな[み]
妹が名呼びて　袖ぞ振りつる

※[　]と[　]は接続関係を示す助詞と接尾語。[　]は心情や行動の変化がより大きいと認められる箇所。（　）は枕詞。
「　」は序詞。︸は対句。『　』は使者の言葉と同等の箇所。なお本文は新潮社『日本古典集成萬葉集一』による。

〈図2〉

原因
- 前提　＜……隠りのみ　恋ひつつあるに＞
- ← 契機1　＜……過ぎてい行くと……使の言へば＞
- ← 契機2　＜……音のみを　聞きてありえねば＞
- ← 行動1　＜……声も聞こえず……似てし行かねば＞
- ← すべをなみ

結果
- ← 行動2　＜妹が名呼びて　袖ぞ振りつる＞

がどちらにも分けきれないものであるという理由からであるが、逆に言えば、「原因」と「結果」を結ぶ重要な位置にある語句だからということにもなる。

すなわち、最終的に人麻呂は「妹が名呼びて　袖ぞ振りつる」ことしかできなかったわけだが、それはそこに至るまでの妻への愛情、妻の死、それに伴う人麻呂の動揺と彷徨があった上で、それら一連の原因を収斂する「すべをなみ」を受けて行われているのである。従って「すべをなみ」はわずか1句（5文字）の短いものではあるのだが、「袖ぞ振りつる」を捉える上でのキーワードとも言うべき重要な語句なのである。しかも、表現面から言えば上代に頻用されたミ語法による古文特有の表現であるため、「言語感覚」育成の立場からすれば、ここに着目させることが学習指導の際に重視されて良い。従来の作品研究においては「すべをなみ」が特別に強調されることはほとんどなかったが、筆者の立場からするならば、「すべをなみ」は内容的にも表現的にも、学習指導上の重点とされるべき、いわば焦点となる語句なのである。その意味で、この作品を教材とする際には、「袖ぞ振りつる」とともに、「すべをなみ」に学習者を着目させる指導計画を組むことを提唱するものである。

5　枕詞と序詞

特別新しいことではないのだが、枕詞と序詞についても言及しておかねばならない。

「古典の享受は現代語訳で可能なのだから、学習者に原文を与える必要はない」という極論が時折なされる。古典そのものの価値を全く認めないのであれば話は別だが、古典の価値自体は認めた上で、「学習者の負担を軽減する」等の理由でこのような論を唱えるのは、短絡的で無理がある。なぜなら、韻文が入ってくる場合、その享受は現代語訳では本質的には不可能だからである。それはもちろん音数律の再現が原文抜きでは無理であることによる。まして、そこに枕詞などが入っていれば、なおのこと現代語訳では無理なことは言うまでもない。

また、「枕詞には特別な意味がないので訳さなくて良い」という指導がよくなされるが、「訳さなくて良い」からと言って放置したり無視したりしてしまうのであれば、これも問題である。意味不明のものは仕方がないとしても、枕詞や序詞は古文特有の表現であるため、可能な限り、その表現の特徴を利用して内容の理解・鑑賞に役立てることが望まれる。そこに使われている言葉の意味や語源から喚起されるイメージ（これは学習者によって異なるであろうが）によって、学習指導をより多様なものにしていくことが可能だと考えられるからである。

207番歌について言えば、「さね葛」「玉かぎる　岩垣淵の」「沖つ藻の」などが、それぞれの語の導くイメージと結びつけやすく、着目に値する語句であると考えられる。「黄葉の」などは反歌（短歌）との関連でも扱えるものであろう。また、「玉たすき　畝傍の山に　鳴く鳥の」という序詞も、異説はあるものの、「声も聞こえず」に結びつけやすい語句であろう。習慣化していたと思われる枕詞については、あまり強調しすぎるべきではないが、それ以外のものについては可能な限り取り上げて学習指導に組み入れることが考えられて良いであろう。

おわりに

特に本節の1．2の前提に基づき、207番歌について２点の提案を行ったが、殊に４での提唱が本節での中心的主張である。２首の反歌（短歌）についても論述するべきではあるが、共に検討すべき課題が多いため、ここでは措く。1．1で述べた通り、本節では教育方法論上の問題には言及しない。「論考としての教材研究」である以上、それについては教師個々人の決定に委ねる他はない。もちろん、「古典の学習指導では原文の表現に着目させる」ということ自体、広い意味での方法論を含むものではあるが、現実には内容論に強く傾斜したものである。筆者による古典の授業の実際については、次章以降を参照されたい。

〔注〕

1）これについては斎藤喜博（1963）の教材解釈論も貴重な先行研究である。藤岡信勝（1990）は、斎藤の言う教材解釈の型を野口の教材研究論と対照している。斎藤は教材解釈の型を「一般教養としての一般的な解釈」「教師という専門家のする専門的な解釈」「芸術とか科学とかの、それぞれの専門的な分野で、それぞれ現在到達している研究成果を教師がはっきりと持っていること」の３つに分けており、藤岡はこれに対して、「斎藤の『教師としての専門的な解釈』が野口においては『教材研究』と『指導法研究』の2つの段階に分化してより実践的にとらえられている。」と述べている。

2）鶴田清司（1991）による。なお、鶴田はこの「教師の〈読み〉という局面（狭義の教材研究）」を〈教材解釈〉と〈教材分析〉の2つに分けているが、これは教材（作品）へのアプローチの仕方の違いによる分類であり、野口のような、作品を「素材」と見るか「教材」と見るかの違いによる分け方とは異なる。

3）かつて非常勤講師として勤務した瀧野川女子学園高等学校の生徒を対象に授業を行った時の反応では、2年生（1月）に対して「石見相聞歌」を扱った翌年、やはり2年生（12月）に対して、同じ授業形態（単なる一斉講義）で「泣血哀慟歌」を扱ったところ、前年度に比べ「感動した」という感想が多かった。ただしこれは実験や比較をする意図で行ったものではない。専任として勤務した目白学園中学校・高等学校および東京学芸大学附属高等学校でも、数回扱った中では同様の感想が一定程度寄せられた。

4）伊藤博（1971）、平舘英子（1987）など。

5）渡辺護（1971）など。

6）武田祐吉（1956）など。

7）澤瀉久孝（1958）など。

8）高木市之助・田邊幸雄（1958）など。

9）橋本達雄（1977）など。

10）古来の説の多くがこれだが、それを踏襲したものとしては、武田祐吉（1956）、澤瀉久孝（1958）などが挙げられる。

11）これにも多くのものがあるが、例えば「泣血哀慟歌の妻は全て虚構である」とする徹底した虚構説としては、多田一臣（1983）などが挙げられる。

12）渡辺護（1971）、金井清一（1971）など。

13）10）に同じ。

14）渡辺護（1981）、橋本達雄（1977）など。

15）古注でいえば契沖『万葉代匠記』・荷田春満『万葉集童蒙抄』は同一人説、賀茂真淵『万葉考』は別人説である。以来両説相譲らぬまま今日に至っている。

16）17）ともに古来決着のついていないものである。文献は挙げきれないが、例えば武田祐吉（1956）には、「この人は、持統天皇に奉仕し、その行幸御幸にも御供し、才媛で、歌をもよくした人であつたようである。」などと述べられている。

18）ただし泣血哀慟歌の詞書には「泣血哀慟作歌二首」とあり、この場合「二首」の語を省くことになるのは致し方のないことであろう。この歌を採用している2社教科書でも「二首」の語は省かれている。

19）橋本達雄（1977）。なお、これと全く同じ分け方を示したものに多田一臣（1983）がある。この他、例えば2段に分けるものとしては、清水克彦（1959）がある。これは「玉梓の使の言へば」までを前半、残りを後半とするものである。また、4段に分けるものとして、窪田空穂（1935）があり、ここでは「恋ひつつあるに」までが第1段、「玉梓の使の言へば」までが第2段、「情もありやと」までが第3段、その後が第4段である。

2　「養和の飢饉」（『方丈記』）冒頭部における「あさまし」
――「あさまし」に込められた　長明の思いを汲み取る試み――

1　問題の所在

古典作品を教材として選定し、教室での学習活動を想定する場合、それが作品として文化的価値が高いのみならず、学習活動に適したものであるか否かを考慮しなければならないのは、今更言うまでもない。そこでは、どのような学習活動を想定するかによって、選定される古典作品ないしその箇所が異なってくるのも当然である。筆者は、個々の言語表現と作品の内容によって学習者に知的好奇心を喚起し言語感覚を育成できることに重点を置いて教材を選定するべきだと考えており、その具体例について既に数点の拙稿で述べた[1)]。本節もその一環であるが、特に本節で意図しているのは、基本的には事実に基づいて書かれた作品（主に日記や随筆）を教材として扱う際に、作者が用いた言葉の内容をどこまで深く「味わう」か、の実例を示すことである。

『方丈記』のいわゆる「養和の飢饉」の箇所では、冒頭に「あさまし」という語が見られる。「あさまし」には、普通は「オドロキアキレルホドヒドイ」とか「言語ニ絶スルホドヒドイ」などという訳語が与えられる。もちろんこの訳語自体に特段の問題はないと思われるが、しかしこの訳語はあくまで一般的な訳語に過ぎない。そしてこの場面に関する限り、「あさまし」さの度合いはかなり高いものであったと推測される。なぜなら、「作者鴨長明自身が飢饉の被害者であった」と思われるからである。

そうなると、表面的な解釈としては上記の訳語でよいとしても、これを教材として扱う際には、この訳語を当てはめて事足れりとするわけにはいかないであろう。「養和の飢饉」は、この「あさまし」がいかなる程度のものであったかを斟酌しない限り、ただの記録に近いものになってしまう。しかし逆に、ここに学習者の目を向けさせることによって、多様な学習活動を可能にする魅力的な教材となり得る。「あさまし」という言葉に込められた長明の思い、あるいはこの文脈における「あさまし」という語の持つ重みを汲み取るにはどうするべきか。これは言語表現の個別的・一回的な含蓄性に関わる問題であり、すぐれて具体的な問題である2)。

ところで、この「あさまし」の含蓄性について考察した古典文学の先行研究は、管見の限り存在しない。しかし作品を教材として見る際は、学習の場面において重要な意味を持つと思われる箇所への着目こそが重要である。その意味で本稿は「教材研究」である。したがって国語教育学の論考であるが、古典文学分野の先行研究が見出せない現状では、そのまま作品研究でもある。本稿では、その作品研究的手法によって、筆者の見解の傍証となるものを集め、考察していくことにする。

2　養和元年前後の鴨社家の状況

「長明＝飢饉の被害者」を前提に論を進めるのはやや早計であろう。まず初めに、そもそも貴族階級に近い長明が、本当に飢饉の被害者だったと言えるのか、という点について検討しなければなるまい。鴨社家は、基本的には富豪だったからである。

これについては細野哲雄（1980）が、次のように述べている。

　但し、源平争乱の影響で、養和元年（一一八一）頃には一時経済的に不如意な時期もあった。賀茂下社（御祖社）の遷宮は二十年ごとに行われることになっているが、『山槐記』により応保元年（一一六一）九月十六日に実施されたことがわかる。（中略）ところが、それから二十年後にあたる養和元年の遷宮の際には、源平の争乱により社領の年貢が悪僧賊徒官兵のため押収され、社家には造営の経費を負担する力がないという理由で負担を他に転ずる方法を考えてほしい旨をしきりに朝廷に願い出ており、その結果、不足分は成功により賄われていることが『吉記』の同年三月及び九月の記事によってうかがわれる3)。

その通りで、『吉記』治承五年（養和元年）三月九日条には4)、

入夜参内、頃之参左府、依院仰、為尋申鴨社造営事也、被申云、任先例可

為社家之営、其上社家之力不及事、自公家可有沙汰歟、又社領事尤可被裁許歟、

とあり、同月十一日条には、「参右府尋鴨社造営事勅問事」という見出しがついて、

先参右府、依仰合鴨社造営事也、即出逢給、任先例可為社勤、其旨自公家可有御沙汰歟之由、令申給、

とあるのが見える。また、同年九月廿三日条には、官職の任免が記されており、その中で、右舎人紀成清には「鴨社造営功」、勘解由主典中原友景、左近衛将監源忠兼、左兵衛尉橘頼広・宮道式信、右兵衛少尉平清綱、左馬少允藤原清康の６名には「鴨社遷宮功」とあるのが見え、鴨下社の遷宮が成功によって賄われたこと、逆に言えば鴨社家には自力で遷宮を行う経済力がなくなっていたことがわかる。長い引用は避けるが、同様の内容は『玉葉』治承五年（養和元年）三月十一日条にも「社家之力、不レ可レ堪ニ造営一、（中略）仍任ニ他社例一、被レ付ニ成功一、（後略）」などとあることからもわかる。

細野は先の引用の後、この養和元年の前年には各地で源平の争乱が激化していたことにふれた上で、

戦乱という人災のため社領からの運上物が滞ることが多い上に、飢饉という天災まで加わって、大切な遷宮の造営についても社家ではその負担に堪えがたいような状態であったことがわかる。

とも述べている。もちろん、経済的な影響という面を考えれば「戦乱」と「飢饉」は別物ではない。同時に降りかかってきた災厄で、戦乱の影響が飢饉に耐える力を奪ったとも言えるのである。

一歩譲って、それでも鴨社家は普通の貴族や、まして庶民とは、比べようのない財力があったはずだとも言える。しかし一般に飢饉の時は、経済的な困窮に加え、強盗や放火が頻発し[5)]、伝染病が流行する。養和の飢饉の時も例外ではなく、このこと自体、長明自身が『方丈記』に書き残していることである。そしてこれは財力があっても逃れきれないことである。

以上より、長明は明らかに飢饉の被害者であったと言えよう。

3　五大災厄の記述

では、飢饉の直接の被害者であることが、『方丈記』の文章にはどのような影響を与えているのであろうか。ここでは、いわゆる「五大災厄」の構成と、そこに見られる長明の感情表現や批判的記述に着目していく。

五大災厄の記述は、一種の双括文を組み合わせ、更にその全体を双括式にする、よく整理された叙述形式をとっている。以下、五大災厄の構成を図式的に整理してみよう[6)]。

序　予、ものの心を知れりしより、四十あまりの春秋をおくれる間に、世の不思議を見る事、ややたびたびになりぬ。

①大火

序　去安元三年四月廿八日かとよ、風烈しく吹きて、静かならざりし夜、戌の時ばかり、都の東南より火出できて、西北にいたる。はてには、朱雀門・大極殿・大学寮・民部省などまで移りて、一夜のうちに、塵灰となりにき。

結　人のいとなみ、皆愚なる中に、さしもあやふき京中の家をつくるとて、宝を費し、心を悩ます事は、すぐれてあぢきなくぞ侍る。

②辻風

序　また、治承四年卯月のころ、中御門京極のほどより、大きなる辻風おこりて、六条わたりまで吹ける事侍りき。

結　辻風はつねに吹くものなれど、かかる事やある。ただ事にあらず。さるべきもののさとしかなどぞ、疑ひ侍りし。

③都遷り

序　また、治承四年水無月のころ、にはかに都遷り侍りき。いと思ひの外なりし事なり。(中略) ことなるゆゑなくて、たやすく改まるべくもあらねば、これを、世の人安からず憂へあへる、実にことわりにもすぎたり。

結　伝へ聞く、いにしへの賢き御世には、あはれみをもちて、国を治め給ふ。（中略）今の世の有様、昔になぞらへて知りぬべし。

④飢饉

序　また、養和のころとか、久しくなりて、たしかにも覚えず。二年があひだ、世の中飢渇して、あさましき事侍りき。

結　崇徳院の御位の時、長承のころとか、かかる例ありけりと聞けど、その世の有様は知らず、眼のあたり、めづらかなりし事なり。

⑤地震

序　また、同じころとかよ。おびただしく大地震ふる事侍りき。

結　四大種の中に、水・火・風はつねに害をなせど、大地にいたりては、ことなる変をなさず。（中略）すなはち、人みなあぢきなき事をのべて、いささか心の濁りもうすらぐと見えしかど、月日かさなり、年経にし後は、ことばにかけて言ひ出づる人だになし。

結　すべて、世の中のありにくく、わが身と栖との、はかなく、あだなるさま、また、かくのごとし。いはんや、所により、身のほどにしたがひつつ、心をなやます事は、あげてかぞふべからず。

この各災厄の「序」「結」といった総括部において、その惨状に対する長明自身の感情を表出した叙述は、飢饉の部分にしか見られない（都遷りを除く）。「あさましきことはべりき」がそれである。「あさまし」という情念語[7]によって、自分自身の主観を表現しているわけである。また、都遷りに関しては、総括部において明確な政治批判を行っている。その他の、大火・辻風・地震については、少なくとも惨状そのものに対する感情表現は行われていない。すなわち、五大災厄の中でも飢饉と都遷りについては、長明が強い感情を持っていた可能性が高いと推測できるわけである。

それでは、総括部以外についてはどうであろうか。それを以下に整理してみよう。

①大火……感情表現は見られない。

②辻風……「かの地獄の業の風なりとも、かばかりにこそはとぞおぼゆる。」とあるのみで、具体的に感情を明記したものはない。

③都遷り……「内裏は山の中なれば、かの木の丸殿もかくやと、なかなか様かはりて、優なるかたも侍り。」といった皮肉や、「ありとしある人は、みな浮雲の思ひをなせり。」「世の乱るる瑞相もしるく、日を経つつ世の中浮き立ちて」などといった表現に、都遷りに対する批判が読み取れる。

④飢饉……「目もあてられぬ事多かり。」「濁悪世にしも生まれあひて、かかる心うきわざをなん見侍りし。」「いとあはれなる事も侍りき。」など、長明の感情を明記した部分が見られる。

⑤地震……「恐れの中に恐るべかりけるは、ただ地震なりけりとこそ覚え侍りしか。」という明確な恐怖心の表現がある他、流布本系諸本にある叙述（地震の箇所のみ、古本系諸本にない部分がある）には、「あはれに、かなしく見侍りしか。」「いとほしく、ことわりかなとぞ見侍りし。」という感情表現が見られる。

つまり、長明が明確に感情を表現ないし政治を批判した部分は、大火や辻風の叙述には見られないが、都遷り、飢饉、地震については見られるわけである。

ところで、大火と辻風については、長明は渦中に直接巻き込まれてはいない。つまり災害の直接の被害者ではないことになる。大火については、「都の東南より火出できて、西北にいたる」とあるが、鴨社のうち下社は都の北東にあり、方角が異なるし、上社は都の北方で、火は及ばなかった。また、辻風は「中御門京極のほど」から「六条わたり」まで吹いたというもので、つまり平安京東部を一条と二条の間付近から真南へと進んでいったことになる。これは鴨社の位置からは離れていく一方のもので、長明への直接の被害はなかったということである。だが、前述の飢饉の他、都遷りと地震については、逃れようがないものである。長明は飢饉・都遷り・地震については、災厄の渦中にあったと言ってよいのである。

以上より、長明自身が直接災厄に遭っているか否かが、このような感情表現や政治批判（後述するが、政治批判が感情表現と必ずしも同じ性格ではないことは言うまでもない。）という形で表れてきたのではないか、という推測が成り立ってくる。中でも特に飢饉については、その感情表現が後でも出てくる上に、総括部においても「あさまし」という言葉で表現されている点、重視してしかるべきであろう。

4　五大災厄の弁別に関する検討

しかしながら、これらの五大災厄に関して長明の感情表現が表れている原因を、被害体験の有無のみに帰するのは、やや早計であろう。こればかりが五大災厄を弁別するポイントとは言い切れないはずだからである。当然、他の可能性についても考慮する必要がある。本節では、他の弁別ポイントの可能性について考えてみるが、結論を先に述べると、やはり長明自身の被害体験の有無が最も有力な弁別のポイントである、ということになる。

例えば、「飢饉や都遷りは長期的だが、大火・辻風・地震は一時的である」ということなどが考えられる。だが現在問題になっているのは、長明の感情表現や政治批判は飢饉・都遷り・地震の３つには見られ、他の２つには見られない、その理由についてである。そのためには、「飢饉・都遷り・地震の３つに共通し、大火と辻風には共通しない」要素について考えなければならない。飢饉が長期的であることが感情表現の表出に繋がったことも否定はできないが、しかし一時的である地震の叙述にも、現に「恐れの中に恐るべかりけるは、ただ地震なりけりとこそ覚え侍りしか。」などとあり、従ってこのような弁別ポイントにはさほどの意味はないと言えよう。では、飢饉・都遷り・地震の３つに共通するものとはどのようなものであるか。

一歩譲って、「都遷り」だけは別扱いにしてみる。これは天災ではないし、ここに見られる長明の言葉も、政治への批判であって災害の惨状に対する感情の表出ではない。それに都に住まず、遷都の渦中にいなくとも政治批判はできるからである。ただしそれにしても、遷都に巻き込まれた経験がある方が、それだけ批判も出やすくなることはもちろんである。

さて、そうすると「飢饉と地震に共通し、大火と辻風には共通しない」要素を探すことになる。どのようなものがあるか。

〔例1〕大火・辻風は局地的だが飢饉・地震は広域的で規模が大きい。

これは結局は長明の体験と不可分のものになる。なぜなら、規模が大きいからこそ長明も巻き込まれたからである。

〔例2〕飢饉の時や地震の後には、強盗などの犯罪や疫病などが多発する。

これは作品から判断する限り、飢饉では当てはまっても地震では当てはまらない。なぜなら地震については犯罪に関する記述がなく、「恐れの中に恐るべかりけるは」と述べているのも、地震の揺れと、それがもたらす被害についてである。疫病についても同様で、地震の後の疫病に関する記述はない。従って長明は、少なくとも地震の後の犯罪や疫病には無関係でいられた可能性が高い。

〔例3〕飢饉と地震の時には、鴨社家の建物が破壊されたり、長明の身近な人が死亡するなど、長明の周辺で特殊な事情があったかも知れない。

このようなことについては資料不足で不明。

こう考えてくると、「飢饉と地震に共通し、大火と辻風には共通しない」要素は、現在のところ「長明自身が巻き込まれた」ということしか考えられない。これに「都遷り」まで加わってくると、なおのこと他は思い浮かばない。従って、長明の被害体験が、具体的には「あさまし」という情念語の形で、文章に明記される大きな原因となった、と結論づけてよいであろう。（地震に関する恐怖心の表現や、都遷りに関する政治批判も、同様に考えられよう。）

もちろん、感情表現や政治批判が明記された全ての理由が「長明の経験のみ」であるなどと言うつもりはない。ただ、それに大きく誘引されたということだけは言えるであろう。

5　長明を「あさまし」と思わせたもの

この「あさまし」なる言葉が冒頭の総括部にあることから、「あさまし」はこれから述べていく養和の飢饉全体について用いた言葉であると言ってよい。同様に、末尾の「珍かなり」も、養和の飢饉の叙述を締めくくる上で、飢饉全体を表現した言葉である。従って、この「あさまし」や「珍かなり」の中に込められた内容については、飢饉が如何なるものであったか、そしてそれをどのような言葉で表現しているかについて、よく検討しなければ言及できない。

飢饉の叙述の概要は次の通りである。

第１段落……養和元年の状況

干ばつ・台風・洪水 →不作、出奔・逃散、効果ない加持祈禱、財宝の売却→価値観の転換、物乞いの急増とその様子

第２段落……養和二年の状況

伝染病流行、物乞いの様子、餓死者の様子、家を破壊、仏像・仏具の破壊

第３段落……限界状況での人間性

先立つ親、死んだ母の乳にすがる子

第４段落……隆暁法印の行為と餓死者の数

養和の飢饉の状況は、おそらくこの『方丈記』こそが最も詳しく記述しているものであろうが、他の史料類にも記載されている。例えば『百錬抄』養和二年（寿永元年）正月の記事には、次のようにある。

近日嬰児棄㆓道路㆒。死骸満㆓街衢㆒。夜々強盜。所々放火。称㆓諸院蔵人㆒之輩。多以餓死。其以下不㆑知㆑数。飢饉超㆓前代㆒。

『百錬抄』は第一級史料とまでは言えないものだが、それでもかなり深刻な飢饉であったことはここからも窺い知ることができ、最後にあるようにまさに前代未聞の飢饉だったということになろう。これが『方丈記』では更に詳しく述べられているわけであるが、具体的に飢饉の惨状を述べた部分は第３段落までということになる。飢饉の惨状を「あさまし」と表現した長明の思いを考える際には、この第３段落までの内容が問題になってこよう。

ここにおいて重視しなければならないのは、これらの描写にあたって長明は、自己の心情を他の部分より多く表現しているということである。「都遷り」における政治批判を除くと、この養和の飢饉では実に４か所で心情表現を行っており、他に比べて格段に多い。うち２か所は「あさまし」と「珍かなり」である。残りの２つについては次の通り。

①濁悪世にしも生まれあひて、かかる心うきわざをなん見はべりし。

これは、「すべきかたなき者」が仏像・仏具を盗んでたきぎとして売ったことについて述べた部分である。「心うし」は、解釈としてはもちろん「いやな」という意味になる。しかし、「いやな」という字面の解釈だけでは済

まないのがこの部分の記述である。

仏の物に手をつけるというのは、当時の信仰の世界では非常に深刻なことだったはずである。当時全盛だったとも言うべき浄土教の世界で代表的な書物として流布していた『往生要集』は、長明も愛読していたことが、同じ『方丈記』の日野山の閑居生活を述べたくだりに書かれており、よく知られているが、その『往生要集』には次のような記述がある。

> 復有二別処一。名二黒肚処一。謂飢渇焼レ身。自食二其肉一。食已復生。生已復食。有二黒肚蛇一。繞二彼罪人一。始従二足甲一。漸々齧食。或入二猛火一焚焼。或在二鉄鑊一煎煮。無量億歳。受二如是苦一。昔取二仏財物一。食二-用之一者。堕二此中一[8]。

この記述のような罰を受けねばならない行為をしなければならない程、状況は深刻であった。しかも、こういう行為は本来非難されてしかるべきであるが、ここには批判めいたことは書かれず、「心うし」という一言で終わっている。となると、この「心うし」を「いやな」という、通り一遍の訳語で済ますべきではないであろう。「濁悪世」は実感されているはずであり、その分「心うし」も単なる語義を超えた実感を伴っているはずである。

②いとあはれなることもはべりき。

これは第３段落の冒頭である。そもそも長明にあっては、こういう始まり方自体が珍しい。『方丈記』と前後して成立したと思われる『発心集』や『無名抄』などを見ても、自分の感想や意見を述べた部分に情念語を素直に用いる傾向はあまりないのである。例えば、悲しいことでもそれを素直に「悲しい」とは書かないわけで、まして話の冒頭から情念語を用いる例はこれぐらいしか見当たらない。

この段落で述べられているのは、思いの深い者ほど早く死ぬ、ということである。食べ物もたきぎもなく、餓死者は町中にあふれ、仏の金品に手をつける者まで出てくる「濁悪世」。まさに限界状況にあって、このような人間的な情愛はかえって際立っている。しかも、「必ず」「定まれることにて」などと記していることからもわかる通り、決して偶発的なものではなく、決まっていることなのである。しかもここでは、死んだ母の乳に幼子がすがり、母の死を知らぬまま共に臥すという場面までが飛び込んでくる。こういった、いわば悲劇の中での人間的情愛に心を打たれた長明の思いが、「いとあはれなる」という強調語まで付いた心情表現になって一言で表されているわけである。解釈としては確かに「大変かわいそうな」ということになるだろうが、その字面を額面通り受け取って事足れりとしていては、あまりに浅い読みになってしまうであろう。

そしてこれら２例の他、飢饉の惨状の全てを包含して――つまりこれらの全てが刺激となって――、長明の「あさまし」なる情念が生み出されているわけである。となれば、この「あさまし」には、文字面以上の深い内容が込められていると考えてよいはずである。もちろん、解釈としては「ひどい」でよい。しかし初めに掲げたように、「言語ニ絶スルホド」ひどいのである。ここにおいて、「言葉の中に込められた情念」をいかに汲み取るかが問題にされてしかるべきであろう[9)]。

6　まとめと結語

以上、「養和の飢饉」冒頭部における「あさまし」には、表面的な意味以上の深い思いが込められている可能性が高いことを、傍証を集めることによって示した。傍証を集めることが全てではないが、記録性の強い作品に対しては、この手法が有効だと判断したためである。長明が直接的な被害を被ったところにだけ、彼の感情が露出しているということを、授業において教師は考慮に入れておくべきであろう。

筆者の考えとしては、「古典作品を味わう」ということの１つは、このような行き方であろうと思う。古典を読む場面（殊に授業）では、ともすれば現代語訳をし、その現代語訳から出ない範囲の感想を述べる程度で済まされがちである。しかし、「言語ニ絶スル」部分、筆舌に尽くしがたい部分を読者の側で斟酌しながら読むことが、「古典作品を味わう」ことになるのではないか。人間の言いたいことには、書き言葉だけでは表しきれない部分がある。その表しきれない部分を汲み取りながら読む。場面を描写した部分なら、その場面を想像しながら読む。時にはその斟酌が誤っている場合もあろう。自分に引きつけすぎてしまうこともあろう。しかし、それでも字面を機械的に受け取るだけの読み方より、はるかに「味わっている」ことになるはずである。それに、これはそもそも近代の小説の鑑賞などでは普通に行われていることである。

教室での指導では、文法は大切である。古語も大切である。それを踏まえて論理的に解釈することなしには古典の授業は成り立たないと言っても過言ではない。しかし、授業を魅力的なものにするためには、これだけで済ますことなく、様々な観点から努力することが必要である。その一環として、時には作品の中の言葉に執拗に深く突っ込んでいく必要があるのである。

本節では作品中の言葉の含蓄性を推測するに当たり、史料類を傍証として活用する方法を採った。このような研究手法は、従来は文学研究（特に作品研究）の手法であり、国語教育学はその成果を援用するという構図が主であったと言える[10)]。しかしながら、教室での学習活動を想定したとき、必ずしも文学の研究成果が学習活動・学習指導に有効なほど十分に揃っているとは限らない。むしろ、片々たる問題として顧みられていなかったり、あるいは無検証の印象批評が当然のように掲げられていたりする。本節の「あさまし」はその典型である。「込められている重み」は、どこまで行っても推測の域を出ないものであるが、それでも可能な限りの傍証を集めることで、教師自身の読みの説得性を高め、学習指導に資することが可能となる。そのためには、文学研究の手法を、国語教育学に包含させていくようにする必要があるのである。

〔注〕

1）本稿は「教材研究」の範疇に含まれるものであるが、筆者の「教材研究」に関する基本的な姿勢については、本章1、及び浅田（1999）を参照のこと。また、「知的好奇心」については、本書第3章1を参照のこと。

2）語の「含蓄性」は、意味論の領域では「含意」すなわちコノテーションの問題であるが、ここでは、「意味」はそのままだがその強さや重みが違う、という問題であるため、コノテーションとは異なる。ゆえに本節ではコノテーションの問題には言及しない。

3）細野哲雄（1980）による。

4）以下、『吉記』『玉葉』『百錬抄』は、群書類従本による。なお引用本文は本節が横書きのため、句読点と返り点のみ残した。

5）「5」で後出の『百錬抄』参照。養和の飢饉の時もこれが激しかったことがわかる。

6）以下、本文は、大福光寺本を主底本とする、角川文庫『方丈記』（簗瀬一雄訳注

1967）による。なお、踊り字は現代表記に改めた。

7）本節では、感情を表す語のことを、便宜上「情念語」と称しておく。

8）大日本仏教全書第三十一巻所収。なお、本箇所には石田瑞麿の現代語訳（『往生要集　1』1963　東洋文庫）があるので、以下に掲げる。

また黒肚処と名づける特別の地獄があって、飢えと渇きが身を焼き、われとわが身をくう〔ところである〕。くってしまうとまた活きかえり、活きかえるとまたくう。黒い腹の蛇がいてかの罪人にまといつき、足の甲からはじめて徐々にのみこんで行く。あるいは猛火の中にいれて焼いたり、あるいは鉄の釜に入れて煮る。量り知れない何億年〔という年月にわたって、罪人は〕このような苦しみを受ける。むかし、仏〔に所属した〕金品を盗んで生活にあてたものがこのなかに堕ちる。

9）なお、「冒頭に『また、養和のころとか、久しくなりておぼえず』とある、その程度なのに、そんなに情念が強いとは考えにくい」という反論が予想される。これについては、「飢饉の惨状は言語に絶するほどひどくてよく覚えているが、それが養和年間に限ったことだったかどうかは、年数が経ってしまったのでよく覚えていない」というよくある解釈によって、説明がつくだろう。養和年間は1181年７月から翌年５月までの、１年にも満たない短い期間であった。しかし飢饉の期間は「二年が間」であり、養和年間より長い。従って養和に限った話ではなく、何より、年号よりも飢饉そのもののことについて長明はよく記憶し、克明に描写しているのである。

10）これは、主として古典指導の領域においてである。現代文、特に文学教材の指導の領域では、解釈学や分析批評といった、作品研究の手法が大いに取り入れられたことは言うまでもない。

3　語用論導入を軸とする戯曲教材の開発
――平田オリザ『暗愚小傳』を例として――

はじめに

本節は浅田（2009）初出誌の特集テーマ「新しい国語教育の可能性を探る――読解力と表現力をむすぶために――」に対応して執筆したものである。読解力と表現力が表裏一体であることは今さら言うまでもないが、それは単に言葉の力をつければ読解力・表現力ともに増すはずであるといった、表層的な見方で済ませられるものではないであろう。読む力をつけていく中で、対象となっている文章中の表現を自ら使えるようになり、逆に自ら言葉を使って表現していく中で、改めて言葉の意味合いや効果を認識して深い読解に役立てられるようになっていく。国語教師であれば誰もが感覚的にはこのことを知っているであろうが、これを実験などによって客観的に実証した研究はないであろうし、また、一朝一夕にできるものでもない。しかし、この両方の力をより有機的に結び付けて養おうとするならば、感覚的にではなく、一定の理論をもって学習指導に当たっていくことが望ましいであろう。

ここにおいて必要なのは、「メタ言語的認識」を培うことであると考えられる。文章中に用いられている表現に着目し、その意味と効果を考え、更にはそうした表現を自ら使ってみる、といった学習を常に意識していくことで、メタ言語的認識は深まっていく。言語事項についての一切の学習はこれを目的としたものとも言え、文字指導、語彙指導、文法指導も全て例外ではないのであるが、学齢が上がるにつれ、一般的な意味・規則から、個別的な意味・表現効果へと着目させていく必要がある。この学習活動によってメタ言語的認識を培っていくことが、特に中等教育段階で読解力と表現力を結ぶことを考えた場合に重要であろう。本節では、そのための理論として語用論と戯曲に着目していく。

1　語用論導入に関する先行研究

語用論の国語教育への導入については、いくつかの先行研究が提出されている。まず、松崎正治（1993）はメタ言語能力の育成を重要なものと捉え、そのための定義付けをはじめ語意識育成のための教材開発を行ってきており、その延長で語用論意識を育てる教材開発を行い、実験授業を実施した上でその有効性を論じている。この分野を実践的に考察した先駆的研究として貴重である。松崎のものは小学校における実験授業であったが、浅田（2008b）はこれを踏まえ、高等学校における表現単元を開発し、その実践を試行している。内田剛（2008）は、国語に限らず教員が生徒とコミュニケーションを取っていく上で必要なものとして、語用論的な認識を挙げている。

筆者は、話すことの指導の中で語用論の指導を行った。そのための理論的支柱としては、グライスによる協調の原則と会話の公理を援用している[1)]。ただし、ここでは話すことの指導の形をとっただけで、読むことや書くことと切り離して考えているわけではない。以下、浅田（2008b）より引用する。

わざわざ「語用論」と銘打たなくとも、語用論的な考え方は、読むことの指導の中でこれまでも自然に行われてきている。その典型が、「文脈上、こう解釈できる」という類のものである。たとえば、宮沢賢治の「なめとこ山の熊」では、子熊が谷の向こうに雪があると言う箇所がある。母熊はそこを見つめたあとで、次のように言う。

「雪でないよ、あすこへだけ降るはずがないんだもの。」

子熊はまた言った。

「だから溶けないで残ったのでしょう。」

「いいえ、おっかさんはあざみの芽を見に昨日あすこを通ったばかりです。」

この最後の母熊の言葉には、「その時には雪が積もっていなくて、それから今までの間にも雪が降っていないのだから、あそこにあるのは雪ではありません。」という内容が含まれているわけであるが、全ては語られず、「省略」されている。

おそらくこの箇所は、中学生・高校生が読めば、説明なしでも上記のように解釈できよう。しかし、それを説明する必要がある際は、文脈上、上記の内容が省略されているとわかる、といった説明をすることになる。「省略」は文彩の一種だという意味では、レトリックを用いた解釈がなされていたとも言える。そして、レトリックのかなりの部分は語用論上の研究課題を内包しており、明らかに国語教育とも関係が深い。

以上のように、文学作品の読解にも語用論は当然関わるし、レトリックとも重なる分野であることを考えると、読解・鑑賞指導にも表現指導にも、もちろん応用していけるものである[2)]。

2 「会話の公理」に関わる教材の少なさ

ところが、少なくとも現行の高等学校国語科検定教科書の現代文教材に関する限り、グライスの理論を有効に援用して分析できる教材文自体が、非常に少ない。

グライスの協調の原則と会話の公理は、これに反していながらコミュニケーションが成立していたり、逆にこれに従っているのにコミュニケーションが成立しなかったりしている場合に、援用が有効であると考えられる。すなわち、会話が多く、かつ過剰な説明が多くないものであり、文意の理解にコンテクストが強く関わっているものである。多くの場合、曖昧さの多いものがそれに当たると言ってもよい。ところが、現行の教科書教材の場合、評論や論説といった論理中心の文章はもちろん、小説でも緻密に書かれているものが精選されており、時に先の『なめとこ山の熊』の会話のような部分はあるにせよ、随所に曖昧さの多い文章は歓迎されていない。例えば『羅生門』『山月記』『こころ』『舞姫』などの定番教材は、語り手の記述がしっかりとなされており、会話文と会話文の間にも状況説明が入ることが多く、会話文が連続する部分は非常に少ないという特徴がある。もちろん小説なので、会話文自体も現実の会話の記録とは異なり、洗練された表現になるよう配慮されているわけであり、そうした優れた文章だから教科書教材としても高い評価を得てきているわけである。

しかし、現実の文章や会話は、そのような緻密なものばかりではない。国語教育の目的が言葉の担い手を育てることにあるのであれば、むしろ緻密に見えないものも、ある程度教材として取り上げる工夫がなされてもよいはずである。実際、欠陥のある文章を取り上げて直すという実践はよくなされるが、そうではなく、計算された「自然さ」「曖昧さ」を含み持つ作品を教材として取り上げることで、読解指導における語用論的な含意（グライスの言う「推意」）の推定や、その表現指導への応用が考えられるのである。ここにおいて注目したいのが、戯曲教材である。

3　戯曲教材を再考する

高等学校国語科検定教科書から戯曲教材が姿を消して久しい。消えた理由はいくつも考えられる。「大学で学んでおらず指導が難しい」「入試に出ない」「上演を目的に書かれたものを文章だけ読ませるのは不適切だ」といったところであろうか。しかしこれらはいずれにせよ、教師の忌避と出版社の利潤追求のための言い訳に過ぎない。昭和戦後期から平成の初頭まで存在して言語文化の教育に重要な役割を果たしてきた戯曲教材が、生徒の成長とは直接関係のないところで切り捨てられてしまったという事実は、看過してはならないことである。

ところで、その当時までの戯曲教材には、今にして見れば、ずいぶんと緻密な台詞回しの作品や、いわゆる「芝居がかった」台詞の作品が多かった。たとえば、シェイクスピアの『ジュリアス・シーザー』（福田恆存訳）は、シーザー殺害後のブルータスの演説の場面が取り上げられることが多かったが、ブルータスやアントニーの長大な台詞は極めて説得的で、既にそれ自体が論説文のようなものである。木下順二の『彦市ばなし』や田中千禾夫の『笛』といった新劇系の戯曲もよく採用されていたが、これらも、状況説明のための台詞（俗に言う「説明台詞」）が多く、会話としての自然さには欠ける面がある。戯曲教材も、基本的には文学作品の一ジャンルとして採用されていたが、昭和53年版学習指導要領で登場した「国語Ⅰ」（昭和57年４月より実施）では、２領域１事項の新設により「読むこと」の教材の量を抑える必要が出てきたため、戯曲教材はすぐに教科書から消えるか、話し言葉教材として位置づけられたあげくやはり消えることになった。例えば明治書院『精選国語Ⅰ新修版』（昭和57年４月）では、先の田中千禾夫『笛』を採用し、教科書の戯曲単元の扉には「学習のめあて」の１つに「効果的な話し方の技法について学ぼう。」と示されている。しかし、『笛』が書かれた昭和29年という時期を考えると、現実の日常会話に近い台詞回しは考えにくいところで、どうしても芝居がかった台詞になっていたし、それが当然でもあった。そうした作品を「効果的な話し方の技法について学ぼう。」という目標設定で話し言葉教材として学ばせるのはやはり無理があり、結局は消えていったのである。

たしかに「文学作品の一ジャンル」として学ばせるのであれば、評価の定まった作品の方が採用しやすいが、話し言葉教育の教材にすることを考えると、あまり古い作品では有効性が低い。しかし、最近は教科書教材にも新しい作家の小説などが意欲的に採用されているので、最近の気鋭の劇作家の戯曲を、話し言葉教材、および文学教材の一ジャンルとして開発することは可能であろう。グライスの理論を援用して分析できるような、自然な状態に近い会話を備え、しかも文学作品として読ませるに値する作品が、小劇場系の演劇を中心に登場してきている。その教材開発の一例として、平田オリザ氏の作品を取り上げてみたい[3)]。

4　平田オリザ『暗愚小傳』について

平田氏の戯曲『暗愚小傳』は、高村光太郎の作品と同名であり、光太郎の生涯をモデルにしながら、あくまでもフィクションとして書き上げた作品である。「フィクション」であることは、永井荷風や宮沢賢治が登場したり、死後の智恵子や賢治が登場するところからも明らかであり、平田氏自身も

> 高村光太郎という人物は出てきますが、この人は（中略）「高村光太郎のような」そんな人です。ですから光太郎も智恵子も、荷風も賢治も、どれも皆さんが知っている人物像とは大きく異なってくると思います。しかし、ここにあるのは、私にとってまったく不可思議な存在である詩人高村光太郎のイメージ、絵でいえば抽象画です。（中略）私たちは、歴史上の高村光太郎を描こうとしているわけではありません[4)]。

と述べている。

この作品は四つの場面に分かれており、作者自身によって

> 一、一九一七年〜一九一九年頃。高村光太郎と智恵子の新婚時代。
> 二、一九二八年〜一九三〇年頃。分裂病の症状を見せ始めた智恵子。
> 三、一九三七年〜一九三九年頃。智恵子の死後、戦争協力へと傾く光太郎。
> 四、一九四七年〜一九四九年頃。戦後の隠遁生活の中での光太郎[5)]。

と説明されている。本節で教材開発の対象としたいのは、「四」の場面である。「四」のみとするのは教科書教材程度の分量を考慮してのことであり、条件が許せば全編を読ませたり、DVD で全編を鑑賞させることも可能であろう。

この場面では、光太郎が戦地における知人夏木の死を思い、また、戦争協力を行った自身が戦犯として逮捕されることへの恐れなどを抱きながら、隠遁生活を行っているところへ、永井荷風や近所の主婦金石、通訳の西田や中村が登場し、光太郎がもらった笛を話題に会話を繰り広げる。彼らの退場後、光太郎が一人になったところへ智恵子が現れ、更には賢治も現れて、夏木の死、焼けた東京の様子、戦争協力などに触れながら、交替で笛を吹きつつ幕となる。恐怖心や後悔の念などをあらわに描くことはせず、何食わぬ顔で人々と日常会話を行っていく中で、光太郎の心の底の思いを時折覗かせていく。死後の智恵子や賢治が登場して光太郎と不思議な戯れを行うラスト近くの場面が印象的・象徴的である。

この作品であれば、文学作品の一ジャンルとしての戯曲教材という意味で、読解・鑑賞に堪え得るし、現代の自然な会話に近い表現が全編を貫いていて、話し言葉教育の教材としても価値が高い。スピーチや会議など公式の場での話し言葉というより、日常的な話し言葉の特徴を考えさせ、メタ言語的認識を培う上で有効であると考える。

5　会話表現の分析例

以下、主にグライスの理論における「推意」の観点から、『暗愚小傳』の第四場面の表現を3か所ほど取り上げ、具体的に分析を加えてみたい。

冒頭で光太郎、荷風、金石が登場し、光太郎が2本のたて笛を持って来て荷風と2人で吹こうとするが、なかなか良い音が出ない。

光太郎　南方から帰ってきた奴が、おみやげだって持って来たんだけど、
金石　あぁ、
光太郎　死にそうな目にあったって言ってたけど、1<u>こんなの持ってこられちゃねぇ、</u>
金石　うん、・・・
荷風　これは、なかなか難しいね。
光太郎　うん、
荷風　そっちの方が簡単なの？
光太郎　そんなことないよ。
荷風　あ、そう、
光太郎　やってみる？
荷風　うん。（笛を交換する）
光太郎　だめでしょ、
荷風　うん。
光太郎　難しいんだよ。
金石　下唇に力いれるんじゃないの。
荷風　（少し音がでる）あぁ。
金石　2<u>ね。うちのじいさん、尺八やってたからさ。</u>
荷風　へー、

下線部１は、推意を一義的に補うのは難しいが、「お土産まで持ってこられては、死にそうな目にあったというのが疑わしい」、といったところであろうか。直後の金石の「うん、」という台詞から、彼女が下線部１の意味を了解していると思われるので、金石はその後の笛を吹き始めた状況とは無関係に、光太郎の台詞を基に下線部１の意味を推定していると考えられるのである。

下線部２の金石の台詞は、金石の助言で荷風が音を出せたことに対し、「ね（、下唇に力を入れれば音が出るでしょう）。うちのじいさん、尺八やってたからさ（、私も笛の吹き方はわかるのよ）。」という意味である。この推意を荷風はすぐ理解し、「へー、」と述べている。

このあと金石が退場すると、入れ替わりにマイケル西田とナンシー中村が訪ねてきて、応対に出た光太郎と共に入ってくる。彼らは通訳で来ている日系二世のアメリカ人である。彼らを家に入れた後の光太郎の台詞に、次のようなものがある。

光太郎　すごいよ、外、進駐軍のジープとまってんの。[3]いよいよ来たかと思っちゃった。

下線部３は、ここまでの文脈では推意を捉えづらい。これは光太郎が戦犯として逮捕されることを恐れていることの表現であるが、それを意識していない限り、ここの意味は理解しにくいであろう。もう少し後に、光太郎の「僕は、捕まらないかな、戦犯で？」という台詞があるので、そこまで行けば明確に推意を捉えることができる。

このあと西田・中村・荷風が退場し、光太郎が自分の詩「樹下の二人」を口ずさんでいる時に智恵子が現れ、さらに賢治が登場し、笛に気がつく。

宮沢　（笛を手に取る）何ですか、これ？
光太郎　笛ですけど、
宮沢　いや、何で、ここにあるのかと思って？
光太郎　あぁ、永井と一緒に吹いてたんですけどね、さっきまで。
宮沢　あぁ。永井さん・・・。
智恵子　（笛を手にとる）
光太郎　逆、逆・・・そうそう。
（智恵子、宮沢、それぞれ笛を吹く）

光太郎　難しいだろう。
智恵子　うん。
光太郎　あれ、宮沢君ならどうしたかな？
宮沢　　え？
光太郎　4戦争？
宮沢　　あぁ・・・
　　　　（智恵子、笛を吹く）
宮沢　　どうしましたかねぇ、（宮沢、笛を吹く）

下線部4は、2行前の「あれ、宮沢君ならどうしたかな？」では意味がわからなかった賢治に対し、一言補足を行っている台詞である。これによって、「宮沢君が生きていたなら、作家として戦争に対しどんな態度をとっただろうか？」という推意が成り立ち、賢治は「どうしましたかねぇ、」と答えているわけである。

平田氏の戯曲は、ここに引用したように相づちや言いよどみを意図的に採り入れ、不自然に長い台詞や書き言葉的な台詞、それに説明台詞などを排除している。さらに演出を意図して、同時に複数箇所で会話が行われたり、前の台詞にわざと重ねたりする書き方が頻出する。全て、自然な会話に近づけ、かつ演劇の台詞としての秩序も保つように構成されている。こうした表現を採っていることにより、文学作品の一ジャンルとしての戯曲の読解・鑑賞にも、話し言葉の指導にも耐えうるものになっている。特に語用論の観点を理論的支柱として分析することにより、読解と表現を繋ぐ新たな可能性が見えてくる有望な作品である。

おわりに

以上、語用論導入を軸として戯曲教材の開発を試みた。筆者は本節初出の浅田（2009）発刊の3か月後に勤務校の1年生に対し、この戯曲を用いた授業を試行的に行ったことがあり、生徒からは概ね好評であった。最近の新たな戯曲作品で、娯楽的要素の過剰でないものであれば、読解と表現の双方に資することのできる作品はかなり増えてきている。今後も開発を試みていきたい。

〔注〕

1）Grice,H.P.（1975）による。

2）浅田（2008b）は、グライスの理論のうち「推意」に関する部分を、町田健編・加藤重広（2004）『日本語語用論のしくみ』（研究社）に依拠して作った学習者向けのプリント教材の形で提示した。この内容については本書第１章5を参照されたい。

3）平田オリザ氏は、2018年現在、劇団「青年団」主宰で、こまばアゴラ劇場芸術総監督であり、大阪大学COデザインセンター特任教授、東京藝術大学COI研究推進機構特任教授、四国学院大学客員教授・学長特別補佐、日本演劇学会理事など、多くの肩書きを持つ。1995年に『東京ノート』で、第39回岸田國士戯曲賞を受賞した他、多数の賞を受賞。自身の「現代口語演劇」論に基づく多くの戯曲を執筆し、その演出に当たっている。三省堂の中学校国語教科書編集委員も務めたことがあり、２年生用の『現代の国語２』では「対話劇を作ろう」という単元を書き下ろしており、その評価が高い劇作家・演出家である。氏の現代口語演劇論は多くの著書に書かれているが、特に『現代口語演劇のために』（1995　晩聲社）に詳しい。

4）平田オリザ『平田オリザ戯曲集３　火宅か修羅か・暗愚小傳』1996　晩聲社　pp.184〜185

5）平田オリザ『平田オリザ戯曲集３　火宅か修羅か・暗愚小傳』1996　晩聲社　p.184

〈引用・参考文献〉

Grice,H.P.（1975）,Studies in the Way of Words, Harvard College（清塚邦彦訳『論理と会話』1998　勁草書房）

伊藤博（1971）「人麻呂の推敲――泣血哀慟歌をめぐって――」『上代文学』28号

内田剛（2008）「生徒が「社会」と「教師」を信頼するために必要な力」『早稲田大学国語教育研究』第28集

澤瀉久孝（1958）『萬葉集注釋』中央公論社

金井清一（1971）「「軽の妻」存疑――人麻呂作品の仮構性――」『論集上代文学』28号

窪田空穂（1935）『作者別万葉集評釈第二巻　柿本人麻呂編』非凡閣

斎藤喜博（1963）『授業』（国土社　ここでは『斎藤喜博全集　第五巻』1970　厚徳社　pp.281〜282より引用）

清水克彦（1959）「軽の妻死せる時の歌――人麻呂の作歌精神――」『万葉』31号

高木市之助・田邊幸雄編（1958）『日本古典鑑賞講座第三巻　萬葉集』角川書店

武田祐吉（1956）『萬葉集全註釋』角川書店

多田一臣（1983）「泣血哀慟歌を読む」千葉大学文学部国語国文学会『語文論叢』14号　1986
鶴田清司（1991）『国語教材研究の革新』明治図書出版　p.12
中西進（1984）「連載・古典教材研究講座　『万葉集』を読む 2　柿本人麻呂」『月刊国語教育』第 4 巻 1 号　東京法令
野口芳宏（1989）『名人への道　国語教師』日本書籍　pp.78～81
橋本達雄（1977）「柿本人麻呂泣血哀慟歌」伊藤博・稲岡耕二編『万葉集を学ぶ』〈第二集〉 有斐閣
平舘英子（1987）「連作への志向――柿本人麻呂「泣血哀慟歌」の構想――」伊藤博・稲岡耕二編『万葉集研究　第15集』塙書房
藤岡信勝（1990）「教材解釈」『新教育学大事典』第一法規　p.441
細野哲雄（1980）「賀茂（鴨）社圏」『国文学』学燈社　pp.66～67
町田健編・加藤重広（2004）『日本語語用論のしくみ』研究社
松崎正治（1993）「語用論意識を育てる教材の開発―含意のばあい―」『鳥取大学教育学部研究報告　教育科学』第35巻 1 号
渡辺護（1971）「泣血哀慟歌二首――柿本人麻呂の文芸性――」『万葉』77号

第3章

「伝統的な言語文化」をより身近なものに

「言語文化」には、学習指導要領で言うところの「伝統的な言語文化」も当然含まれる。本章ではこれをより身近なものにするための発想や工夫を、3節構成で紹介する。概ね古典に関する内容だが、平成21年版・30年版の学習指導要領で示されている言語活動例としての「文章の脚色」についても述べてある。また、2では「文語作文」についても言及するが、平成30年版学習指導要領では、新科目「古典探究」の「A　読むこと」の言語活動例で、「ウ　古典を読み，その語彙や表現の技法などを参考にして，和歌や俳諧，漢詩を創作したり，体験したことや感じたことを文語で書いたりする活動。」が示された。この発想と第5章での文語作文の実践はかなり古いものであるが、それが現在に至って実践される見込みが高まってきたことを書き添えておきたい。

なお筆者は、学習指導要領における「言語活動」という語を無批判に用いているのではなく多少の問題意識も持っているが、それについては本書第5章4で述べてあるので、そちらを参照されたい。

1　「古典を楽しむ」ために
――知的好奇心を喚起する3つのレベルをめぐって――

1　古典の「楽しい授業」を行うレベル

本節は浅田（1995）の初出誌の特集「古典に親しむ」に応じて執筆したものである。まず、古典の「楽しい授業」を行うレベルから述べていこう。

筆者自身が普段から心がけていることに、「楽しい授業」を展開するということがある。筆者の勤務校（1995年当時）であった目白学園中学校・高等学校[1)]

は、複数教員が同一教材で授業を行い、定期考査に際し学年全クラスで教師用指導資料に準拠した同一問題を課すことになっているため、いわゆる「進度表」と指導資料に従って、試験範囲として設定された教科書教材をひたすら「消化」せざるを得ない。しかし理想的な国語教育を求めるならば、そうした条件下でも単なる教科書の消化に終わってはならないはずである。それゆえ、限られた時間を可能な限り活用し、随所に細かな工夫を加えるよう心がけている。若干テクニックめいたものになるが、その細かな工夫の例を数点挙げてみたい。

たとえば古文入門期における文語文法学習の初歩段階において、筆者はよく生徒たちの好んでいそうな歌（なるべく新しいもの）の文語訳を行う。平成5年度の高校1年生に対しては、ドリームズ・カム・トゥルーというグループのヒット曲「晴れたらいいね」を次のように訳して示した。

山へこそ行かめ　またの日曜　昔のごとくに
雨降らば　川底に沈む橋越えて
胸まで高き　草分けて　ぐんぐん進む背中を
追ひかけてけり　見失はぬべく　（中略）
もろともに　様々な話こそせめ　晴れなばよろし……

そしてこれを筆者が実際に歌いながら、元の歌詞と対比しつつ口語と文語の共通点と相違点を具体的に考えさせる。生徒の多くは楽しそうに取り組んでいた。

あるいは、例文を工夫して創作する。上記と同じ生徒たちに動詞の活用を学ばせる際には、次のような例文を示した。

> 昔、男ありけり。名をば、浅田孝紀となむいひける。ある時この男、女に「愚か者。死ね！」と責めらる。男言はく、「我死なず。我には多くの生徒あり。」と。されど女言ふやう、「汝死ぬれども、目白学園に損害なし。」と男、生きる望みを失ひて、「思ひ悩まば、死に遅きことになるらん。」と思ひ切り、死ぬる所を探し歩き、中井駅にて死ぬ。

ナ変動詞「死ぬ」を用いて、その接続から6種の活用形を割り出す学習を行わせたのであるが、その材料として作ったのが上の例文である。活用形が6種になるのはナ変動詞「死ぬ」「往ぬ」が基になっていると言われているためナ変を題材にしたのだが、ここでは「往ぬ」よりわかりやすい「死ぬ」の方をあえて用いている。ここには筆者が登場する上、ストーリーがあり、最後は筆者が学校の最寄駅で死ぬことになっていて、生徒は笑いながら文法を学んでいくことになる。

もう一つ文法学習の例を挙げる。なるべくなら文法の丸暗記などはさせたくないのだが、残念ながらさせざるを得ない状況がままある。そのような時、筆者はリズムをつけたり替え歌にしたりして、丸暗記に伴う苦痛を緩和し、楽しくするよう心がけている。例えば助動詞等の接続では、教科書で大体の助動詞が出揃った後、次のように整理する。

◎ば・る・らる・す・さす・しむ・む・むず・ず・じ・まし・まほし・り
　→　未然形
◎用言・て・、・き・けり・つ・ぬ・たり（完了）・たし・けむ
　→　連用形
◎体言・格助詞・係助詞・なり（断定）・たり（断定）・ごとし
　→　連体形〈断定の「たり」は体言に接続〉
◎終止形　→　や・とも・らし・まじ・べし・らむ・めり・なり（推定）
　〈ラ変型には連体形接続〉

そしてこれに注意事項などを加えた上で、「鉄道唱歌」や「線路は続くよどこまでも」などの節を付けて歌にしている。これは楽しみながら記憶する生徒が多いようである。

文法の一斉指導の例ばかりになってしまったが、この他折に触れて古典にまつわるエピソードを紹介したり、教材の一場面を筆者が半ば即興で一人芝居に仕立てて演じたりなど、時間の許す限り「楽しい授業」になるよう工夫している。

2　学習活動に変化をつけて「古典を楽しむ」レベル

しかしながら、以上の例はあくまで授業が楽しい（という生徒ばかりではもちろんないが）のであって、「古典を楽しむ」ことになっているとは言い難い。

「古典を楽しむ」という以上、「古典の授業を楽しむ」のは二の次で、やはり「古典自体を楽しむ」ことが第一義にならねばなるまい。この第一義の方向へ導く授業こそ、「古典を楽しむ」授業だということになるであろう。

そもそも「楽しむ」とは、極めて個人差の大きい行為である。ある同じ事物を全員が「楽しむ」ことのできる状態がどの程度実現されるかは、いささか心許ない。だが、ここで楽しみの個人差を云々しても始まらない。そこで、あくまで最大公約数的にではあるが、このような工夫をすれば、生徒一人一人が古典を楽しむことができるであろうという例を、いくつか挙げてみる。

筆者がよく行うのは、「投げ込み教材」の利用である。特に高1くらいの生徒に対しては、筆者は「学習シート」というプリント（これは大村はまの「傍注資料」にヒントを得たもので、形式も似ている）を配って、通釈にばかり囚われず内容を吟味するよう促すことが多いが、そのプリントのスペースが余ることがよくある。そのような時、例えば近世の笑話集などから、現代の高校生にとっても面白いと思われる話を選んで埋め草としておき、短い時間で読ませる。なるべく「落ち」は説明しないが、時には時代背景などに触れねばならないものもあるので、必要に応じ説明を加える。読んで笑った生徒は、おそらく楽しんでいる。

韻文学習の際などは、教科書外の作品を時間の許す限り紹介するよう努めている。『万葉集』を学ぶ時に私は個人的に思い入れの強い歌を積極的に紹介することが多いが、中でも第2章[1]で論じた「泣血哀慟歌」はかなり多くの生徒たちが真剣に鑑賞してくれる。授業でこれを読んでいたく感動し、それを契機に国文科へ進学した生徒までいた。この生徒は『万葉集』学習終了後も『万葉集』関係の本を紹介してほしいという要望をよこし、かなり読みあさっていた。教師が得意分野を持つことの重要性を感じさせられる事例であった。

あるいは、長期休暇を使って長文の古典に読み浸らせるよう、教材を精選して与えることも多い。例えば、これは非常勤講師として勤務していた瀧野川女子学園での実践であるが、平成3年度の夏休みに高校2年生に対し、『雨月物語』の「吉備津の釜」を、『雨月物語』という出典名を伏せた上でかなり詳しい注釈（訳ではない）を添えた全文を印刷して配り、あらすじや感想をまとめる必修課題の他に、次のような「自由提出課題」を出した。

この「吉備津の釜」を題材に、次のような自由研究をやってみて下さい。
(義務ではありませんので、出さなくても減点にはなりませんが、出せば多少はアップかも。)

〈例〉・全文を訳してみる。
・「仁勢物語」のようなパロディを作る。
・脚色してみる。(つまり脚本やシナリオを作る。)
・マンガにしてみる。(紙芝居という手もあるね。)
・現代版「吉備津の釜」を創作する。
・もし出典や作者を知っていたら、それについて自由に調べてレポートを書く。
・朗読して自分のカセットブックを作る。
・他の怪談(日本でも外国でも可)と比較して気づいたことをレポートする。

その他、創意あふれる自由研究を期待しています。こちらの方は〆切や用紙、字数等の指定はありません。

これは「どのような書き方をしても構わない」という旨を言い添えておいた。つまり、「原稿用紙」や「ノート」や「レポート用紙」に拘らず、また、書き方や筆記具も鉛筆だの縦書きだのに拘らず、自分が書きたいものに書きたい用具で書きたいように書いて構わないということにした。自分の興味に合わせて力作を提出した生徒も多く、各人が自分にできる範囲で楽しんでくれたようである。

その中で、ここでは2つの生徒作品を紹介したい。まず橋本治を真似て「桃尻語訳」を試みたものである。筆者はこの方法を例示しなかったので、完全に生徒の創意による。

「やきもちやきで、やーな女も、オバサンになってからありがたいっと思うようになる。」って、誰だか知らないけど、うまいことを言ったわねっ。やきもちやきの女がやったことがそんなに悪くないっていっても……仕事のじゃまをしたり、器をこわしたり、近隣の悪口を言ったり。(中略) それに嫉妬のあまりに死んでからも、こわーい動物になったり、雷になったりして恨みをはらすなんて、ひどいっ。でもそんなにひどい例は少ないけど。だいたいね、夫がきちんとしていて妻をひっぱることができるならば、やきもちなんておこりません！（後略）

これは冒頭部だが、全文このような調子で一貫されており、怪談にはややそぐわないものの、楽しく取り組んでくれた様子がよくわかる作品であった。もう一つ、脚色した作品の一部を紹介する。

正太郎　（女主人にむかって。低いびょうぶの方に向かって）不幸なことがあり、その上病気にまでおかかりになったそうですね。私もかわいい妻を亡くしました。同じ悲しみを話し合おうと思って強引にもここまできました。

女主人　（すこしびょうぶを引き上げる）めずらしい御対面もあるものですね。つらい仕打ちに対する報いの程度をお知らせ申し上げましょう。

正太郎　あー！
（目が覚めたような気持ちでよく見る）

正太郎　い・そ・ら……！
（磯良の顔はたいへん青ざめて、くたびれているような目つきはすさまじい。）

この生徒作品も、脚本としてはいくつか難点があるものの、全体としては見事な出来映えであった。何より、積極的に取り組んだことがよくわかる、嬉しい作品であった。

一斉指導・教科書のみ・全員同一の課題、という授業ばかりでは、いかに楽しんでほしいと思っても無理があろう。各自の自由意志や創意工夫を発揮する余裕を持つこと、あるいは、日常取り扱う余裕のない作品を積極的に教材化し、学習に変化を付けることが「楽しみ」に繋がっていく。その機会を可能な限り多く持つことが必要であろう。

3　「言語の教育[2]」として「古典を楽しむ」レベル

とは言え、日常的な教科書教材を厄介視していたのでは、本当に「古典を楽しむ」授業だとは言えないことも確かである。むしろ日常的なものだからこそ、より多く楽しめるよう導くのが教師の役目だとも言える。しかも絶対に外してはならないのが、国語教育は「言語の教育」だという観点である。ここでは、「言語の教育」として「古典を楽しむ」授業を作る方途を考えたい。

梶原正昭（1981）は早稲田実業学校高等部３年生を対象とした講演の中で、次のように述べている。

> だいじなことは、その場の情景を心の中で思い浮べ、自分にひき寄せて理解をするということであります。ただ文字を追い、その内容を読みとるというだけでなく、想像力をはたらかせて、その言葉や表現の重みをしっかりと受けとめることで、〝なにが〟書いてあるより〝いかに〟書いてあるかに心をとめることが大切だと思います。時代が隔り、風俗や習慣はたとえ大きく違っていても、その中に流れている人間の心は、昔も今も変りはないはず、その人間の心の真実を読みとるように努めること、これが古典を面白く読むためのコツといえましょう。

梶原は「想像力をはたらかせて、その言葉や表現の重みをしっかりと受けとめ」、「〝なにが〟書いてあるより〝いかに〟書いてあるかに心をとめることが大切だ」と述べている。これは例えば『平家物語』の「木曾の最期」であれば、必死になって自害するよう説得する乳母子の今井四郎兼平に対し、義仲は「さらば」という一言を残して粟津の松原へ自害に向かう。この「さらば」という一言にはそれまでの全てが込められており、単に「それならば」と訳すだけで終わるべきではない、非常に重い言葉だということになる。しかもそれを作品中では、この最後の言葉に限ってたった一言でさらりと述べており、この表現の仕方にも深い意味を感じ取らせる要因があると言えよう[3]。

これは第２章[2]でも述べた、文脈に即した言葉の含蓄性を汲み取るということになる。古典を読む際、例えば装束描写や情景描写によって、場面を生き生きと想像したり、人物像を総合的に考えるといった、どちらかと言えば内容本位のことも重要であり、梶原（1981）もそういった趣旨のことを述べている。そこに「言語の教育」という観点を盛り込むならば、梶原の言う「言葉や表現の重み」という、内容に表現が深く関わっている事柄を、もっと重視してよい。時には「深読み」になってしまうことがあったとしても、生徒が言葉の重みを読む観点を自分なりに身につけ、「自分に引き寄せて理解をする」ことができるならば、これはまさに「古典を楽しむ」読み方になるはずであり、小手先のテクニックで「楽しませる」こととは次元が違ってくる。

筆者がこれまで機会をとらえては扱ってきたものに、『徒然草』の「奥山に猫またといふもの」における、連歌法師の「猫またよや、よや」という「よや、よや」の解釈がある。踊り字による繰り返しの範囲については「猫またよや」全体と受け取る説もあるが、教科書で「よや、よや」と活字化されていれば、これに従うことになろう。ここを直訳すれば「猫まただよ、だよ」のようになってしまう、言葉にならない「よや、よや」の部分に興味を示す生徒は多いものである。そして筆者はここに、先入観によって増幅された連歌法師の言いようのない恐怖感を読み取る方向で話を進めるが、この部分に恐怖感を認める生徒も少なくない。この読みの妥当性はひとまず措くとしても、こうした読み方ができるということは、確実に自分なりに古典の表現を読み味わっていることになる。(付言すると、このような畳語的表現に興味を示す生徒は多い。「はしるはしる」「わななくわななく」「にがむにがむ」などに対して、「意味はよくわからないけど何だか面白い」という反応がよくある。)古典特有の表現に目を向け、その表現を味読することができるならば、その生徒は「言語の教育」としての古典教育の場において、かなり理想的な形で「古典を楽しむ」ことができていることになる。となると教師に課せられた課題は、味読のための観点を、折に触れて生徒に示していくことであろう。

かつて増淵恒吉(1966)が「教室用文体論」を提示した。また、井上敏夫(1982)も「文体論的考察の観点」を示した。そして80年代には「分析批評」が脚光を浴び、また江連隆(1986)が「表現開発」の授業を提案した。これらに共通するのは、意識して作品の表現に目を向けていることである。実際、「批評」とまでいかなくとも「分析」の観点は多少とも持ち合わせていることが必要であろう。そして、これらを踏まえつつ、現代の読者が古典を読む際に目を向けるべき観点を、ある程度体系化する必要があると考えられる。「現代の読者が」と断ったのは、言語抵抗の大きい古文・漢文では、現代文を読む場合と異なり、「わからないけど何となく引かれる」という要素を勘案しなければならないからである。

こうした観点を、その時々で扱っている作品の内容を充分に考慮しながら(内容をおろそかにして観点ばかり優先すると、その観点自体が形骸化する)生徒に示していくことで、生徒は単なる読解・解釈力を越えた、自分なりの鑑賞力を身につけることになるであろう。これこそ生徒が生涯にわたり「古典を楽しむ」ことに繋がるはずである。

4　まとめ

以上、3つのレベルを設定して述べてきたが、古典に限らず、生徒が学習を楽しむことができるようになるか否かは、最終的には教師が生徒の知的好奇心を喚起する力量にかかっているであろう。どのレベルにおいても教師はあらゆる手段を使って生徒の知的好奇心を喚起しなければならず、そのための力量を蓄えることこそ、筆者を含めた多くの教師たちの行うべき努力であろう。

〔注〕

1）目白学園中学校・高等学校は当時女子校で、高校は普通科のみであった。現在は共学化され、名称も目白研心中学校・高等学校に改称。

2）第1章以来述べている「言語文化教育」は、言うまでもなく「言語の教育」の一側面である。本節では、特に言葉そのものに着目させることに重点を置くため、「言語の教育」というかつての学習指導要領の表現を用いる。

3）これは、その多くが語用論に関係してくる問題だが、語用論だけでは解決できない面も多々ある。

2　古典教育への近代文語文導入覚え書き
――「古典」に関する発想転換をめぐる4つの提案――

はじめに

日常の授業で教科書教材を扱っていると、「古典」と「現代文」の境界が、あるようでないのではないかという感を持つことがしばしばある。典型的なものは、小林秀雄の評論文（『平家物語』『無常といふ事』など）中に現れる古文や、中島敦の『山月記』中の漢詩などであり、そして近代文語文である。これらを扱うときは、当然のことながら古典の素養が養われている必要がある。一方、文語文の教材も、時代区分で完全に「現代文」と「古典」に分けられているかと言えば、そうでもない。同じ明治時代の文語文でありながら、『舞姫』は「現代文」、漱石の漢詩は「古典」であるといった、一種の矛盾を抱えているのである。

ところで、本節初出の浅田（2000b）執筆当時既に公示されていた平成11年版高等学校学習指導要領では、「現代文」の「内容の取り扱い」で、「なお，翻訳の文章や近代以降の文語文も含めることができる。」と、近代文語文の扱いが、従前の「含めるようにする。」という絶対条件から許容条件に変更された[1)]。一方「古典」では、「また，必要に応じて近代以降の文語文や漢詩文などを用いることができること。」とあり、近代文語文を古典の授業で扱うという、これまで示されなかった可能性が出てきた。つまり、わずかではあるが近代文語文を、「現代文」でも「古典」でも扱える可能性が出てきていたのである。もちろん、これまでも各教員の工夫によって、どちらの科目でも扱えたわけであるが、実際の現場では「古典」の中で現代文を扱うとか、その逆とかは、なかなかやりにくいものであり、かつ、教科書教材が学習指導要領に従って採用されている以上、授業で扱う教材も、それに従わざるを得ないのが普通であろう。（ただし、その後平成29年度に至るまで、近代の文語散文を古典の教科書に掲載した例は、管見の限り見られないままである。）

本節では学習指導要領の批判や追随は意図していないが、こうした状況に鑑み、旧態依然とした古典教育を改善するために、「古典」に関する発想転換の視点を４つ提案する。

なお、本節は厳密に学術的な論証を目指すものでも実践報告でもなく、あくまで「提案」であり、今後の実践に供するための予備的考察である。標題で「覚え書き」としたのはその意図からであり、叙述も評論的になることをお断りしておく。

1　文学史的区分からの脱皮

改めて言うまでもないことだが、一般に国語科で「古典」と言う場合、それは文学史上の時代区分によっている。すなわち、「文語文か口語文か」という文体上の区分はしていないわけである。高校段階では現代文分野と古典分野を、別々の教員が担当して並行で扱っている、あるいはかつての「国語Ｉ」や現行の「国語総合」を一人で受け持ち、現代文分野と古典分野を交互に（あるいは分野ごとに曜日を決めて）扱っていることが多いであろう。すなわち、本来文語文と口語文は、どちらを先に学ばねばならないという規則はない。

しかし、近・現代の作品では、文語で書かれたものは古典の領域で基本的な学習を済ませた後に扱うのが当然の順序だということになっている。すなわち、近代文語文はそれ以前の古典学習を前提とする現代文なのである。

例はいくらでも挙げられるが、典型的なものは『舞姫』であろう。特に、この作品中での助動詞・助詞等の意味を理解することは、それまで古典をしっかり学んでこなかった生徒にはやはり難しい。実際、冒頭の

石炭をばはや積み果てつ。

からして、何のことだかわからないという生徒は珍しくない。ここでは、当時の客船が石炭を燃料にして航行していたことが背景知識として必要であるが、それは別としても、「はや」という副詞の意味、さらに「をば」や「つ」といった助詞・助動詞類の意味がわからなければ、理解のしようがないものであると言ってよい。事は冒頭部に限らない。エリスが登場するまでは、豊太郎がそれまでのいきさつを、美文調を交えた文体で延々と語っていく。かなり古典を学んできた生徒でも、ここまで教科書を自力で読み通せないことはよくあるものである。すなわち『舞姫』は、全文訳か詳細な傍注がない限り、古典、特に文法を、ある程度身につけていなければ読めない「現代文」教材だということになる。もちろんこれは『舞姫』が悪い教材だということではなく、それが文語文教材の当然の特性だということである。

つまり近代文語文は、「現代文」と「古典」のどちらにも入れられる性格のものである。たしかに明治時代は日本の近代であり、時代区分に従えば「現代文」である。しかし、文語文法についての学習が「古典」に委ねられている以上、文体上は「古典」であろう。このよく言われる事柄を、我々はここで再認識しておく必要がある。殊に必要なのは、指導者（教員や文学研究者）側の「現代文」「古文」といった区分に関する固定観念を外すことであろう。「近代

文学」「古典文学」といった、文学研究上の分類に拘泥していると、指導内容・方法が学習者の実態に合わなくなることも多いと思われるからである。

例えば、昭和の作品である永井荷風の「断腸亭日乗」は、時折「現代文」教科書にも採用される作品であるが、これを「古文」と見なしたり、逆に近世末期の口語文（落語本など[2)]）を「現代文」と見なすような意識転換が、文学研究者にも教員にも必要であろう。こう見なすことで、古文の指導が従来型の典型的な「解釈一辺倒」から脱皮する契機が得られると思われる。

実際、従来の古典学習は中古文法を規範とする学校文法を、教材選定の基準の1つとしてきたことは否めない。扱う分量は相対的に中古の作品が多く、時代が下るほど教科書への採用率が低くなる。しかしこれでは、「古代語」対「現代語」という二項対立の図式がどうしても学習者の中に生じ、その結果、「古文は今の言葉とかけ離れ過ぎている」という観念が生まれる。むしろ語史的な変化を体験させる方が古文を身近に感じやすくなるのではないか。近代文語文（および近世末期の口語文）はこのためにも有効に働くと思われる。このことについては、小林賢次（1986）が、既に次のように述べている。

> 近代の文語文の読解指導にあたって、文法史あるいは文体史的な立場からの研究成果が十分に汲み上げられるならば、古典と現代の世界を、一つの連続したものとして把握する視点が生まれてくるにちがいない。それは、生徒にとって、文語文法、さらには古典の世界を、より身近に感じさせ、関心を深めることにもなると思われる。

この小林（1986）の指摘のような努力は、従来行われてこなかったと言っても過言ではあるまい。文学史的区分をほぼ絶対とする教材観からの脱皮を図ることが必須であると言えるだろう。それは語史的な変化を体験させるという点で、より「言語の教育」としての実質を整えることにもなるであろう。

2　教材配列の見直し

ここでも、『舞姫』を主な例として述べてみたい。

『舞姫』の指導に伴う言語抵抗の大きさを挙げる意見は多いが、中でも、広瀬博（1975）は、難語句を中心に『舞姫』の読みに伴う生徒の抵抗感を詳しく分析している。そして、『舞姫』は現代的な語彙が多いから、古文より読みやすいとは限らないことを指摘している。広瀬（1975）は必ずしも『舞姫』の教材としての価値を否定するものではないが、この作品に対する生徒の抵抗感がかなりのものであることを実証的に示したものとして注目される。

近代の文語文に関し、安易に「古文より読みやすいはずだ」という発言が生徒に対してなされる場合があるが、それは多くの知識を持ち、様々な経験を経てきた大人の感覚であることを自覚するべきであろう。すなわち、作品で使用されている語彙の傾向によって、現代的であってもわかりにくい、という当然のことが、時折忘れられているのである。

例えば、筆者がかつて勤めていた目白学園高等学校は、生徒の6割以上が4年制大学に入学していく進学校型の女子校で、国語で受験する生徒が多かったため、古典の時間数はかなり多く、私大文系型のコースを選択した生徒は、古典関係の単位を卒業までに14単位も履修できるようになっていた[3)]。ところが、それだけ履修している生徒たちも、『舞姫』では、特にエリス登場以前の場面でかなり苦しむ者が多い。エリスが出てきてからは、会話文が入り、文体に対する慣れも出来てくるため、次第に読めるようになっていく。だが、それまでの様々ないきさつを語っている部分は、多くの生徒たちにとって遠くかけ離れた物事が頻出し、読むだけでも大変なことのようである。これは古典文法を学んでいれば読みやすくなるという程度の現象ではない。

ところで、同じ明治文語文で教科書によく採用されるものに、樋口一葉の日記がある。筆者はこれを、私立理系型の生徒5名に協力してもらい、『舞姫』と読み比べてどちらが読みやすいかをインタビューする機会を得た。時期は3年次の6月である。この私立理系型の生徒は、古典関係の単位は当時の教育課程における「国語Ⅰ」と「国語Ⅱ」で2単位強ずつ履修したのみで、3年次には「現代文」2単位しか履修していない生徒たちである。ゆえに『舞姫』の方が読みやすいという感想が多いものと予想していたが、結果は逆であった。個人によって差異はあるものの、総合すれば、「一葉の日記は『舞姫』より古文的だが、しかし『舞姫』より読みやすい。『舞姫』はいろいろな言葉が混ざっていて、割り切れなくて読みにくい」という反応であった。

ここには、「言語抵抗」の現れ方の一端が見て取れる。この私立理系型の生徒たちは、2年次で扱った古文が「枕草子」「源氏物語」「大鏡」「更級日記」

「蜻蛉日記」「古今和歌集」など、圧倒的に中古の作品で、他の時代のものは少し触れた程度であった。そうした生徒たちには、中古の特に女流文学の文体に対する慣れがあり、かえって他の時代の作品には慣れていないという事情があった。ところで、樋口一葉の日記は中古の女流文学を意識した擬古文体で書かれており、生徒たちが「国語Ⅱ」で学習してきた文章に似ている。そこで、『舞姫』よりも一葉の日記の方が読みやすいという反応が起きたわけである。これは、中古主体のそれまでの古文学習の結果身に付いた力が、『舞姫』の和漢洋折衷文体に対し過剰範化を起こした結果の反応と解釈できる[4)5)]。

ここから次のようなことが言える。近代文語文には、多くの人に読みやすいものもあると同時に、読みにくいと感じられるものもある。読みやすさ（readability）はあくまで相対的なものではあるが、これらを、それぞれ古文学習の入門期と完成期に置くことも考えられてよいのではないか、ということである。語彙が現在の日本のものに近ければ近いほど、文語文でも読みやすくなる可能性は高い。例えば、上述『断腸亭日乗』などは、かなり読みやすいものに属すると思われる。一方、『舞姫』は明治期の日本の文化的・政治的背景と、豊太郎が赴いた当時のベルリンの状況が、現在の日本とかけ離れているため、その分読みにくいはずである。こうした一般的な読みやすさの傾向を考慮し、読みやすいと思われるものを古典の入門期に、読みにくいと思われるものを、選択科目等で卒業に近い時期に配する形で、従来の古典作品と混ぜた教材配列を行うことが考えられてよい。少なくとも学習者を中心に考えると、「中世説話から始まり平安朝文学で一通り完成し、近世の一部の作品で締めくくる」といったパターンの教材配列や、文学史順に並べるパターンの教材配列を、根本的に見直すことが必要になってくるであろう。近代文語文は、そのためにも有効な素材となり得るはずである。

3　古典思想の導入——文学一辺倒からの脱皮

「古文＝江戸時代以前の文学作品とそれに関連する評論」という構図は、現在の古典教育ではほとんど自明のものになっている。逆に言えば、思想的古典が扱われていない。これは、古文以外の他の領域との比較で考えると、いささか均衡を欠いた状況である。

中でも漢文では、文学ばかりでなく諸子百家の古典思想を扱っている。それが日本に大きな影響を与えたからであるのはもちろんだが、それ以上に、現代に至るまで日本人は中国の思想を漢文のままで享受してきたという歴史があるため、現在も漢文の古典思想は教材化されている。また現代文では、言うまでもなく現代の評論を幅広く扱っている。ところが、古文に関しては中・近世の文芸評論・芸能論しか扱っていないに等しい。

江戸期に発達した国学は、近現代の国文学の礎となった。文芸評論・芸能論が古文の教材として取り上げられるのは、国学や芸能関係の評論が文学史的にも高い評価を与えられており、教科書編集を行っている国文学研究者の意識の中で、大きな位置を占めているからであろう。そのこと自体は批判されるべきことではない。

だが、「古典」は「古典文学」ばかりではない。むしろ今日の我々を支える諸学問・思想の全てが、古典的な価値を持っている。そしてそれらが文字で書かれている以上、全て国語科の教材となり得る可能性を持っていることは否定できまい。古文の教科書は国語国文学の関係者が作るという習慣が、逆に国語国文学以外の要素を結果的に排除してしまったのである。しかし、近世に発達した諸学問の古典を教材化するのはもちろん、近代初期の、その後に影響の大きかった思想書を文語文教材として教材化することも、十分に考慮されてよい。例えば、福沢諭吉『学問のすすめ』や西周『百学連環』などは、近代の古典的な学問・思想の啓蒙書として格好の例である。これらは文語で書かれているが、現代の学問的・思想的な状況に今でも深く関わっており、教材化の可能性は十分に高い。

しかしこの見解に対しては、反対意見も予想される。典型的なものとしては、次の２つが挙げられる。①「文学や言語に関わらない説明的文章を、わざわざ古文で読む必要性はない。現代語訳で十分だ。」、②「文学以外の学問内容は地歴・公民科で学ぶのだから国語科でやるのは筋違いだ。」

これらについては、次のように反論できよう。

①：必要性のみを重視するのなら、いかなる評論も古文のまま読むこと自体が無意味になってしまう。例えば歌論である『無名抄』も、引用される和歌や歌語以外は原文を示す必要性はないはずである。事は能楽論の『風姿

花伝』や俳論の『三冊子』などでも同様である。しかしそれらを原文で教材にしているのは、説明的文章であっても古典としての価値が高いからであろう。それならば、直接文学にかかわらない文語の説明的文章も、古典としての価値が高ければ教材になし得る。文学作品以外の説明的文章を、古文教材から排除する理由はない。

②：公民科の「倫理」でも扱う諸子百家の思想を、古典（漢文）では扱っている。むしろ、概説的な公民科以上に、具体的に詳しく扱っている。また、現代文の説明的文章には、国語以外の教科の知識を必要としたり、場合によってはその知識を与えたりするものまである。他教科の領域と重なることをもって、国語科の教材から排除する理由にはならない。殊に、「総合的な学習の時間」等により、教科横断的な学習が重視されてきている中で、教科の領域を頑なに守っているだけでは時代遅れにならざるを得ない。

そもそも筆者は、古文に限って文学作品以外はほとんど教材にされないという状況に対し、今までほとんど疑問が提示されてこなかったこと自体に疑問を感じる。おそらく、高校国語科教員の大半が、筆者を含めて国語国文学を専攻した者であるため、古文で古典文学以外のものを扱おうという発想が出にくかったのであろう。たしかに、古文を原文で読む以上、単に「原文である」ということ以外の価値的な要素はあるべきで、それゆえ文学作品が教材の多くを占めることについて、筆者は反対するつもりはない。しかし、国語科を「言語の教育」と捉えるならば、古文では文学関係の作品しか扱わないという現状は、現代文や漢文に比べると明らかに不均衡である。

「国語科では言語文化全般をその対象にする（文学に限定しない）」という基本方針を設定しておくべきであろう。そう設定するならば、古典思想の原文を読む学習は十分考え得る。近世の学問書や近代初頭の啓蒙書は、その有効な素材となり得るはずである。

4　言語活動としての「文語作文」——一種の言葉遊びとして

最後に、「文語作文」について述べておきたい。

短歌や俳句の創作などでは、文語表現の正しい使用が賞賛されることも多いが、散文での表現活動には、この現象はまずない。それは、文語文を作る実生活上の必要性が全くと言ってよいほどないからに他ならない。いきおい、それを教育の場で行うことも稀になってくる[6)]。

ところで、「文化の伝達と継承」は教育の大きな役割であり、それは新しい文化の創造に繋がる。これは教育というものの根本的な機能の一つである。そしてその結果として、社会においては伝統文化と現代文化を融合させる試みがよくなされる。しかし、教育の場においては、伝統文化そのものを教材にすることはあっても、それを創作させたり現代文化と融合させたりすることは少ない。特に古典教育の中には、文語による創作活動が設定されていなかった。しかし平成30年版学習指導要領では、新科目「古典探究」の言語活動例に、「和歌や俳諧，漢詩を創作したり，体験したことや感じたことを文語で書いたりする活動。」が示された。これは従来にない画期的な記述である。

もちろん「正確」な文語文を作らせる活動など、不要不急の事柄であることは言うまでもない。しかし、例えば「言葉遊び」としての文語文の創作という言語活動は、時に授業を活性化するはずである。

例えば、自立語はほぼそのままで、付属語を文語にした散文を、全くの創作なり口語作品の文語訳なりで作ってみる。あるいは、現代作品を文語によって劇化して演じる。場合によっては、文語の助動詞を用いて話してみる。こうした言葉遊びを導入できれば、授業は一変するし、言語感覚も磨かれると思われる。そして、「自立語はほぼそのままで、付属語を文語にした散文」を作るためには、近代文語文が見本になる。明治期の文範や作文書の文例は、その好例であろう。言葉遊びとしての文語作文は、真似さえできればいつの時代の文章でも見本にはなるが[7)]、手近なところでは旧制中学校・高等女学校の生徒による文語の作文例が使いやすいと思われる。時折こうした言葉遊びを授業に加えることで、それが現代語の作文にも深みを持たせていくことに繋がるであろう。

なお、この活動を授業に取り入れる際には次の諸点に注意すべきである。

① あくまで一種の言葉遊びとしての言語活動であることに留意し、厳密な正確さを求めないようにする。

「言語感覚を磨く」という名目で、文法的・語彙的に正確な文章を求めることは、この学習活動の本来の趣旨に反することになる。生徒の、作品完成に至るまでの過程で、試しに文語の法則に従ってみるという経験が大切なのであって、出来上がった作品の厳密さは問題にするべきではない。

② 文語文を書かせるための体系的な文法学習は行わないようにする。

たとえ古文を読む学習のためであっても、古典文法の修得が自己目的化するのは望ましいことではない。まして、この活動のために文法学習を強化することは厳に慎むべきである。大切なのは、生徒がそれまで学習してきた古文・漢文や、見本として提示された文語文を参考にして、自分で文語を使ってみることにあるのであり、使ってみることによって、そうした語句の意味用法になじめればよい、ということである。

③ 個人で書いて終わりにするのではなく、グループ活動や発表等によって集団の活動にする。

「遊び」であることに意義がある学習活動は、個人内で完結してはならない。生徒個々人の問題にしてしまったり、まして一人一人への「宿題」などとしてしまうと、どうしても「出来の良さ」を意識することになる。グループで話し合いながら共同で「正確さ」を求めていったり、個人で作ったものならそれを発表するなどして相互批評をする中で「正確さ」が高まっていくならよい。いかに集団の活動とし、活発に学習させるかが、この学習活動を組む上での最大の課題であろう。

5 まとめ

文学作品の読解・鑑賞指導一辺倒できた古典教育のあり方を、根本から見直す時期に来ている。また、戦後73年を経過した現在、文学における「古典」の概念も変化してきている[8)]。近代文語文を古典の領域に加え、それを利活用することが[9)]、古典の授業をより活動的なものにしていく契機になっていくであろう。更には、平成30年版の高等学校学習指導要領における必履修科目「現代の国語」と「言語文化」では、長年続いてきた「近代　対　近代以前」という成立時期に基づく教材区分ではなく、実用的か否かによる教材区分がなされることになった。「言語文化」には古典も近代の小説も滋味ある評論も含むことになる。もはやこれまで通りの区分は、少なくとも必履修科目においては意味をなさなくなると考えられる。

「はじめに」で述べたように、本節は「覚え書き」であり、実践ないし実証されたものではないが、学習者を活かす古典の授業を展開するためには、近代文語文を適切に導入することが有効であると考え、「古典」の発想を転換するための4つの視点を提案した。

〔注〕

1）これは事実上、「現代文」の中から文語文を省くことを推進しているとも言えるが、本節ではそのような見方は採らない。ただし、各教科書会社の姿勢によっては、いわゆる「レベルの高い教科書」には文語文教材を入れ、「やさしい教科書」には文語文を入れない、といった販売戦略が絡んでくる。そうした販売戦略が、採用する側の教員ないし学校の姿勢と相俟って、結果的に文語文教材を減らすことに拍車をかけるとすれば、これはもちろん望ましい状況ではない。教育内容は、企業の営利や教員の安易な妥協によって決められるべきではないからである。

2）ここで言う「口語文」とは、「話し言葉」のことである。もちろん文法的には文語文法に従うべき部分もあるが、かなり現代語に近づいているので、あえて「口語文」と称した。

3）「国語Ⅰ」ではほぼ2単位分（実際にはそれ以上）、「国語Ⅱ」でも2単位分以上、それに私大文系型の生徒は、2年次の「古典講読」3単位、3年次の「古典Ⅱ」4単位、3年次の「古典講読」3単位が必修であった。これに3年次の「現代文」3単位も必修であった。

4）私立文系型の生徒たちに同じインタビューを試みる機会は得られなかったが、文系の生徒は、古典はもちろん、世界史などを選択して幅広い学習をしている者もいるので、かえって反応が多様になることが考えられる。

5）本節で言う「言語抵抗」については、第1章4参照。

6）管見する限り、文語を作らせる学習の報告は、緑川佑介（1987）のみである。

7）筆者は2000年12月～2001年1月に、当時の勤務校であった筑波大学附属坂戸高等学校の開講科目「古典講読」（2・3年生の希望者のみで開講される、異年齢生徒が混在する選択科目）において、それまで教科書で扱ってきた『宇治拾遺物語』や『今昔物語集』の各説話を見本に、グループ学習による「現代説話集作り」を実践した。ここでは近代文語文は用いていないが、第5章でこの実践を紹介する。

8）出版界にも「古典」の発想を変える動きが出てきている。例えば2001年10月からは、岩波書店より『新日本古典文学大系【明治篇】』（全60冊）が刊行された。こうした動きによって、日本文学における「古典」の概念は、近い将来確実に変化するものと思われる。

9）そして、「現代文」の領域に近世の口語文を加えることも同様である。

3　文章の脚色と古典の書き換え

1　作品のリライト

平成21年版高等学校学習指導要領では、「国語総合」の「2　内容」の「C　読むこと」において、「ア　文章を読んで脚本にしたり，古典を現代の物語に書き換えたりすること。」という言語活動が例示された。「文章を読んで脚本にしたり」（以下、「脚色」とする）と「古典を現代の物語に書き換えたり」の2つは、ともに作品のリライト（あるいはリメイク）といえるものである。文芸として高度なものを目指さない限り、両者は本質的に変わりはない。リライトを学習活動として取り入れることの目的を挙げると、次のようになろう。

① 作品に対する興味・関心を深める。

② リライトのために読みを深め、深めた結果を表現することで表現力を高める。

③ 言語文化の継承と創造に資する。

ただし脚色については、目標の立て方によっては「話すこと・聞くこと」とも連動し、

④ 話し言葉に対する意識を高める。

という目的を設定することもできる。

学習指導要領の文言はあくまでも例であるので、例えば「古典を現代演劇の脚本にする」なども考えられる言語活動である。ここでは両者を包括的に捉えながらも、個々の事項については便宜上分けて述べていく。

なお、この言語活動例は「国語総合」のみで言われているが、本節では「国語総合」にこだわらず、最近の高校の教科書教材を見渡しながら、具体的な指針を示してみたい。

2　脚色について

2.1　高等学校学習指導要領における演劇

平成21年版の学習指導要領では、31年ぶりに演劇関係の語が復活した。「脚本」である。それ以前は「劇」や「戯曲」の語が必ず存在していたが、昭和53

年版からは消滅し、これに伴って戯曲教材も消え、高校の国語の授業で演劇が扱われることはまれになっていた。言語文化の重要な一要素が排除された形になっていたわけだが、それが言語活動例としてだけでも復活したのは、画期的なことで喜ばしいものであった[1)]。これが更に平成30年版の学習指導要領では、新科目「文学国語」の「B　読むこと」の言語活動例に、「ウ　小説を，脚本や絵本などの他の形式の作品に置き換える活動。」「エ　演劇や映画の作品と基になった作品とを比較して，批評文や紹介文などをまとめる活動。」が示され、「3　内容の取扱い」の(3)アでは、「必要に応じて，翻訳の文章，古典における文学的な文章，近代以降の文語文，演劇や映画の作品及び文学などについての評論文などを用いることができること。」とあり、演劇や映画がかなり意識されるようになってきた。

歴史をたどると、昭和26年版では「劇」は「読むこと」と「話すこと・聞くこと」の双方で極めて重視されていた。特に後者では「話すこと，聞くことの学習指導における映画及び演劇の学習指導の意義」という項目が独立して設定され、「シナリオ・戯曲を読んだり，書いたりすることは，生きた話し言葉そのものを読んだり，書いたりする意味で，話し言葉に関する理解を深める上に役だつことはいうまでもない。」と述べられ、脚本を書くことも明確に意図されていた。ところがこれの昭和30年改訂版では「話すこと・聞くこと」からは「劇」がいきなり消滅して、「読むこと」の教材に文学作品としての「戯曲」が挙げられるのみになった。つまり脚本を書くという言語活動が、学習指導要領上は想定されなくなったわけである。その原因はここでは措くが、教材のリライトという形であっても、これはもっと重視されてよい活動である。平成30年版学習指導要領に基づく教材や実践が増えることが期待される。

2.2　脚色のいろいろ

一般に脚色と言えば、「小説や物語などを原作として、脚本を作ること」と理解され、多くはストーリーのある作品が原作となる。学習指導要領の言語活動例も、それを念頭に置いて設けられたものと思われる。しかし、演劇や映画の世界では脚色にも多様なものがあり、

① ストーリーのある作品を原作として、そのストーリーをそのままか取捨選択し、または新たな部分を創作して脚本化する。

② 人物やできごとの記録を原作とし、ストーリーを構築して脚本化する。

③ 原作の時代・人物・場面等の設定を変え、新たな戯曲作品として創造する。②をこれと同様の手法で行うこともある。

④ 必ずしもストーリーを持たない詩歌等を原作として、イメージを脚本化する。

⑤ 複数の原作を融合して脚本化する。

⑥ 既成の脚本に、人物・場面・ストーリー等で新たな設定を加える。これは「潤色」と言い、「脚色」とは区別される。原則として、題名も作者名も元のままであり、そこに潤色者名を付記する。

分類すればこのようになるが、実際にはこれらのどれともつかないものもある。

この6つを、いくつか具体的に述べる。

①は最も多いもので、例は枚挙にいとまがない。学校教育の場で最もイメージしやすい形態でもある。

②は、伝記、ドキュメンタリー、ノンフィクションドラマがその典型。

③はやや複雑で、例えば主要登場人物の性別を逆転させて設定したり、時代設定をわざとずらしたりするものである。後述する「古典を現代の物語に書き換える」はこの手法に繋がる。歌舞伎の例になるが、赤穂浪士の討ち入りを室町時代の話に変えて脚色した『仮名手本忠臣蔵』はその代表例。

④は脚色というより純粋な創作に近く、実例は多くはないが、映画ではヒット曲をモチーフに脚色した作品がいくつかある。2000年以降では、『なごり雪』『22才の別れ　Lycoris 葉見ず花見ず物語』などが発表されている。

⑤は黒澤明監督の映画『羅生門』がその典型。芥川の『羅生門』と『藪の中』を融合したことは著名である。

⑥は学生演劇ではよく行われるが、一般には「潤色」と銘打って興行を行うことはまずない。ただし、演出家による「演出」として興行されることはある。蜷川幸雄演出によるシェイクスピア原作の新作歌舞伎『NINAGAWA 十二夜』は、その代表といえよう。

国語の授業で行う際には、こうした多様な脚色のあり方を踏まえて、様々な方法を考えたい。教科書の小説教材をそのまま脚色するだけでは、活動に広がりが欠けるであろう。

3　教科書教材の脚色を考える

以下は、定番教材や最近採録の多い教材を脚色する場合の特徴を列挙したものである。学習内容によっては、必ずしも以下に述べる通りではないが、教科書で扱う際の活動や発展学習とする場合の目安にはなろう。

A　そのままでは扱いにくい小説の例

(1)芥川龍之介『羅生門』・中島敦『山月記』・志賀直哉『城の崎にて』・梶井基次郎『檸檬』等

これらは語り手の説明がほとんどになっていて、人物も非常に少なく、独白が中心になりがちで、脚本らしい体裁になりにくい。

(2)山田詠美『海の方の子』

これは上記(1)と逆で、会話文が多すぎてはじめから脚本に近く、脚色する意義が薄い。

(3)夏目漱石『こころ』・井伏鱒二『黒い雨』等

これら長編小説は、一部のみ脚色するならともかく、全体となると長すぎて扱いにくい。授業では短編が扱いやすい。

B　そのままでも使いやすい小説の例

(1)太宰治『富嶽百景』・林京子『空き缶』等

これらは登場人物がある程度いて、若干の会話文が混じるため、脚本らしくしやすい。

(2)夏目漱石『夢十夜』・安部公房『赤い繭』等

これら幻想的な小説は、作品解釈は難しいが、脚色自体は面白い。「この作品で描きたいものを舞台や映像で見せるつもりで脚色しよう」という活動を組めば、生徒たちの読みの深まりが脚本に反映される。

C　詩歌の脚色

(1)宮沢賢治『永訣の朝』・黒田三郎『九月の風』等

はじめからストーリー性のあるものは使いやすい。

(2)正岡子規・石川啄木・俵万智などの短歌・俳句

教科書所収の詩歌に連作を補足したり、作られた時の状況を調べて、ストーリー性を付与する。

(3)萩原朔太郎『遺伝』『月光と海月』・谷川俊太郎『二十億光年の孤独』等

小説と同じで、幻想的な作品は、作品解釈は難しいが、脚色自体は面白い。特にストーリーではなくイメージを重視して脚色すると、生徒たちの読みを反映した新たな作品として創造できる。

(4)茨木のり子『私が一番きれいだったとき』・金子光晴『落下傘』等

メッセージ性の強い作品は、作者の主張をなぞるだけになりやすいので、脚色の意義は薄い。

D　記録・随想の脚色

最近は教科書から激減しているが、ドキュメンタリー的な脚本を作り得る分野である。

4　古典の書き換えについて

4.1　現代版を作る

学習指導要領に示された、「古典を現代の物語に書き換え」ることに限ると、先行実践はさほど多く発表されてはいない。しかし、これまでも提唱されてきたことではある。

たとえば、文部省（1984）は「表現と関連させた指導」の例として、「新しい歌物語を作ることを利用した指導」を挙げている。『伊勢物語』を学習した後で、好きな古典短歌を使って現代を舞台にした歌物語を作らせるという事例である。この場合は『古今和歌集』の歌を取り上げ、その状況を現代にしている。これ自体は無理なく実践されていると言えるが、場合によっては短歌自体も現代短歌（または現代詩）に作り換えることも考えられよう。俵万智の『恋する伊勢物語』（1992　筑摩書房）が参考になる。

しかし現代版を作る実践は、無理も多い。そもそも古典世界の話なので、作るにしても当時の社会状況や場面に当てはめなければならない作品は扱いにくい。例えば『枕草子』の日記的章段は当時の宮中の風俗習慣と密接に関連したエピソードが多いので、現代の話に書き換えるのは難しい。かといってあまり突飛な設定替えをすると本末転倒の感を禁じ得ないことにもなる。その場合は、設定を古典の時代のままにした、いわば時代小説を作る方が有益な面もある。

また、長さの点では小説の脚色と同様、短い完結した話の方が扱いやすい。その意味では、歌物語、説話、短編物語（『堤中納言物語』等）が適しているであろう。

4.2　実践例

以下、筆者が授業で行った方法を交えつつ、実践例を紹介しておきたい。

『大和物語』を扱った際、筆者は４～５名のグループを作らせ、各グループに１話ずつを割り当て、その本文の分析や現代語訳を含めた発表を行わせたが、併せて同じ話の現代版を作らせ、教材文を楽しく紹介する方途とした。例えば「姨捨」では、登場人物が全て筆者を含む学校の教員になっていて、笑いの絶えない発表となった。

やや長いものを長期休みを使って各個人にやらせたこともある。本章の[1]でも紹介した例だが、『雨月物語』の「吉備津の釜」を２年生の担当クラス全員に印刷して配布した際、必修課題の他に自由課題として、「現代版を作る」「脚色する」「漫画にする」「朗読してカセットブックを作る」などを示し、任意にやらせた。予想より多くの作品が寄せられ、これらはクラスで発表した。

世羅博昭（1989）は、『源氏物語』を扱った際に創作的課題作品を作成させる実践を発表している。文中のある部分をふくらませたり、書かれていない部分を想像して書くなどの作品が多数寄せられている。

宮内健治（1989）は、『伊勢物語』や和歌を扱った際に劇化や歌物語化の実践を行った他、表現と関連させた古典指導を精力的に行っている。

こうした工夫によって、古典を身近にしていく努力を忘れてはならない。ただし、古典はあくまでも古典の世界に親しませることが重要なのであり、現代版はその手段であり副産物でなければならないであろう。

5　まとめ

「読むこと」の教材を「聞くこと・話すこと」や「書くこと」と関連させることで、生徒の興味・関心を深め、学習に広がりを与える点で、リライトという言語活動は極めて魅力的である。筆者は、歌物語を題材にした現代のミュージカル風の脚本を作る、という実践をやってみたこともある（これは第７章で紹介する)。そして、表現に関連させる以上、発表の場が必要である。脚本にせよ現代版にせよ、見聞きしてくれる人がいるからこそ、生徒の作る意欲も喚起されるのである。こうした発表の場を保証しながら、興味関心のみならず、読みの深化を目指すところに、この言語活動の真価が発揮されると言えるであろう。

〔注〕

1）平成30年版の新科目「文学国語」では、創作活動まで意図されている。

〈引用・参考文献〉

井上敏夫（1982）「文体論的考察の観点」『井上敏夫国語教育著作集第四巻』明治図書出版

江連隆（1986）「表現開発の授業をいかにすべきか」『表現研究』第44号

梶原正昭（1981）「古典の読みかたについて――『平家物語』・「敦盛」の段を中心に――」『早稲田大学国語教育研究』第一集

小林賢次（1986）「近代文語文の読解と文法指導―『舞姫』における条件表現を例として」『月刊国語教育』第5巻第11号　東京法令出版

世羅博昭（1989）『『源氏物語』学習指導の探究』渓水社

広瀬博（1975）「森鴎外　舞姫について――国語科教材への疑問（三）――」『京都教育大学研究所報』第21号

増淵恒吉（1966）「国語教育と文体」日本文体論協会編『文体論入門』1966　三省堂

緑川佑介（1987）「「古語」訳をしてみよう」『月刊国語教育』第7巻第5号　東京法令出版

宮内健治（1989）「劇化・物語化に発展させる古典指導」大平浩哉編著『高等学校国語科　新しい授業の工夫20選〈第2集〉古文・漢文編』大修館書店

文部省（1984）『高等学校国語指導資料　古典の学習指導』ぎょうせい

第4章

言語文化教育としての国際理解教育
――複数教材の比較・総合による学習活動――

本章ではいずれも高校1年生対象の、国語科における国際理解教育の実践を取り扱う。実践した時期は1が後、2が前であるが、学会誌に発表した時期は逆になったので、発表順に掲載する。ここに挙げる2つの実践はかなり古いものであるが、1も2も説明的文章教材や古文・漢文を複数読んで、それを比較したり総合したりしながら学習を進めていくもので、平成30年版高等学校学習指導要領における国語科のテクストの扱い方に通じている。その意味では新学習指導要領を早い時期に先取りしたような実践となっている点で意義があると考え、ここで一章としてまとめることとした。

1　国際理解教育に資する総合単元学習
――単元「国・人・コミュニケーション」の実践を通して――

はじめに

この実践を行った当時の勤務校目白学園中学校・高等学校で、筆者は高校の「普通科国際コース」という、各学年1学級のみの特設学級の担任をしていた。この国際コースでは、英語運用能力の強化と国際理解教育に重点が置かれ、各教科の指導では国際性を備えるための授業を積極的に行うと同時に、身につけた能力を社会に活かすべく、英語関係や国際関係を中心とした大学・学部への進学指導の充実が強く求められていた。本節は、この学級の1年次1学期後半において、勤務校の条件に応じながら、担任としての立場を活かして行った実践報告である。提案意図は、当時の「国語Ⅰ」という総合的に国語の力を高めていく科目の中で、現代文・古文・漢文・読書・作文・話す聞くの全てを盛り込みながら、同時に国際理解教育に資する単元学習の事例を示すことにある。

1　学習者の状況と授業の条件

a　勤務校の状況

前章でも簡単に触れたが、まず当時の勤務校について述べておきたい。中高併設型の私立女子校で、高校には「普通コース」と「国際コース」の2コースが設置されていた（現在は共学化し、校名もコース名も教育課程も変更されている）。普通コースでは、目白学園中学校出身者と他中学校出身者を別学級として学級編成を行っていた。これは、内部クラスは中1から国・数・英の教科書を早めに終わらせて前年度中に次学年の教科書に入る学習指導を行っており、他中学校からの入学者と進度が違うためである。一方、国際コースでは、両者を混合した学級編成を行い、内部生との進度の違いは、外部生に合わせる形で調整していた。

同校の生徒はほぼ全員が進学を希望しているが、併設校（目白大学および目白大学短期大学部）への内部推薦による進学より、外部の大学への進学を希望する生徒が圧倒的に多い。学校としても、進学指導と国際理解教育には力を入れている。

同校では、各ブロックごと（当時は普通コース内部クラス・普通コース外部クラス・国際コースの3ブロックがあった）に、同一問題による定期試験で成績評価を行う。そのため、定期試験ごとに進度を合わせ、教科書教材を教師用指導資料に従いながら、同一内容の授業をすることが基本になる。また、教科書準拠のワークブックも定期試験の範囲になる。国語科に関して言えば、プリント教材を作った場合は当該学年の全生徒に配布することが原則とされている。従って、同一学年を担当する教員の協力が得られない限り、教科書や教師用指導資料から離れた授業はほぼ不可能な条件下にある。また、同一ブロック内はもちろん、ブロックが違っていても、他のブロックとあまりかけ離れた授業はできない。これは、年に5回実施される実力試験の範囲をある程度揃える必要があること、その試験で特別に成績の低い学級が出ないよう留意しなければならないこと、教科書を確実に身につけ受験対応の能力を鍛えてほしいという生徒や保護者の要望があること、等による。

b　実践の対象

平成8年度高等学校普通科国際コース1年生1クラス。在籍数は29名で、そのうち3名は本実践中に海外留学中であり、従って計26名である。この26名のうち9名は海外生活経験者で構成されるグループで、このグループは選択科目「現代語」(同校では基本的な国語・日本語の運用能力をつける訓練を主目的とした授業になっていた)を履修し、これを履修しない者は「英会話」を履修する。必履修科目としては、当時の「国語Ⅰ」4単位を筆者が1人で担当していた(普通コースは5単位を現代文と古典に分けて2名で担当)。それゆえ、実践の自由度は普通コースより高かったが、時間的には少なかった。

c　学年共通使用教材

教科書：第一学習社『高等学校新訂国語―現代文・表現編』『同　古典編』

副教材：第一学習社『高等学校国語―学習課題集現代文編』『同　古典編』

2　本単元の使用教材

①教科書教材：野村雅一「身体像の近代化」(評論)

日本人の体型は、明治政府の教育政策により、西洋に合わせる形で作られていったものであり、これはいわば「上からの近代化＝西洋化」であった、という内容の評論。

②教科書教材：「漁父之利」「狐借虎威」(漢文の故事成語)

③『徒然草』第12・130・164・165段

教科書にも『徒然草』があるが、本実践では教科書教材の一部に替えてこの4段を教材化した。いずれも、兼好の人間関係に関する考えを述べた章段。

④岩波ジュニア新書『国際感覚ってなんだろう』(渡部淳著)

本実践では、特設単元を構成しながら、同時に教科書も確実に用いる方向で、教材を選定した[1)]。単元名は、「国・人・コミュニケーション」と称した。①は日本と西欧の国同士の関わり、②は日本と中国との関わりについて考える材料であるが、しかしその両者には当然人間同士の関わりが介在する。そこで、③で人間の関係を日本人同士の関わりという面から考え、全体として国と国、人と人とのコミュニケーションを考える単元として構成した。その際、④の読書を背景的素養として役立てるようにした。

3　単元の目標

①　高１で初めて出てくる評論を読み、論理展開を押さえ要点を把握する力をつけるとともに、日本の近代化に関する筆者の見解に応じた自分の考えを持つ。

②　１学期前半で学んだ漢文訓読の知識を基に、故事成語に関するまとまった文章を読んで漢文の読解・鑑賞の基本的な素養を養うとともに、中国文化の日本文化への影響を考える。

③　１学期前半で学んだ古文の基礎知識（歴史的仮名遣い・動詞の活用・係り結びなど）を基に「徒然草」の数段を読み、これを通して日本人のコミュニケーションについて考えを深め、併せて形容詞・形容動詞・若干の助動詞の活用と用法を修得する。

④「国際感覚」について述べた本を読み、読書力を向上させるとともに、国際コースの生徒として「国際感覚」に関する考えを深める。

⑤　文化や国際化にかかわる用語や事項を調べることで、何気なく使っているこれらの用語や事項に対する認識を深めるとともに、図書館利用の方法を学んで情報収集能力をつける。併せて、その成果を発表することを通して、発表と質疑応答の能力を高める。

⑥　小グループでの討論、クラス全体での討論を通して、自己の意見を口頭で的確に述べる力をつけるとともに、積極的に議論に参加する態度を学ぶ。

⑦　読書感想文や単元のまとめの意見文を書いて文章表現力を磨き、国際化やコミュニケーションについての自己の考えをまとめる。

4　時間配当（全18時間）

〈第１次〉……課外

中間試験前に岩波ジュニア新書『国際感覚ってなんだろう』を配布し、中間試験終了の１週間後までにその感想文（400字詰原稿用紙２枚程度）を書いておく。

〈第２次〉……１時間

事前に分けた６つの班により、学校の図書館で「文化」「文化変容」「異文化理解」「国際化」「コミュニケーション」の５つの語の意味や使われ方と、「日本の外交史の流れ」について調べ、その発表資料を作成する。特に最後の「日本の外交史の流れ」は社会科的な内容になってしまうので、その代わりこの班には関連語句を多く示し、資料を読む活動が多くなるよう留意した。

〈第３次〉……２時間

第２次に図書館で調べた結果をクラスで発表し、質疑応答。発表はなるべく多くの班員が行うようにし、聞く側は積極的に質問や意見を述べるようにする。第３次の終わりには、全員が「班別発表感想・疑問点記入用紙」を提出する。

〈第４次〉……２時間

漢文教材「漁父之利」を読み、読みと内容を理解した後、白文で読み下す練習を行う。

〈第５次〉……２時間

漢文教材「狐借虎威」を読む。第４次と全く同様。

〈第６次〉……１時間

現代文の評論教材「身体像の近代化」を、第２次と同じ班に分かれ、形式段落ごとの要点をまとめる。（あらかじめ全文を通読し、読めない漢字や語句は調べておく。）

〈第７次〉……３時間

第６次でまとめた段落ごとの要点を、１時間につき２班ずつ板書により発表。授業者は、発問－応答を積み重ねる形式で文章の重要点を理解させ、これを批正する。

〈第８次〉……１時間

「身体像の近代化」の要旨を把握した上で、第１次で読んだ本や、第３次の各班の資料をも用いながら、古代以来の日本と中国との文化的関係、および近代以降の日本と欧米の文化的関係の特徴はどのようなものだったかを、各班で話し合う。（第１回バズ－セッションと称した。）

〈第９次〉……１時間

第８次での話し合いの結果を出し合い、クラス全体でまとめ上げる。

〈第10次〉……２時間

『徒然草』第12段「同じ心ならん人と」の読解と、形容詞・形容動詞の活用について学習する。

〈第11次〉……１時間

第２回バズ－セッションを行う。『徒然草』第12段の他、130・164・165の各段を訳文を併用して読みながら、日本人のコミュニケーションは古来どのような性質のものだったかを話し合ってまとめる。その際、あくまで便宜上ではあるが「兼好型」と「非兼好型」に分けてまとめておく。

〈第12次〉……１時間

全体討議。前次に提出した各班の意見をまとめたプリントを配布し、その内容を各班の代表者に読み上げさせた上で、それらをめぐる討論を行う。

〈第13次〉……１時間

これまでの学習を踏まえながら、「これからの国際社会を生きる者として」というテーマ（題ではない。題は各自でつける）で、国際化社会や人間同士のコミュニケーションに関する意見文を書き、締切日までに提出する。授業者は、主に書きあぐねている生徒の事中指導を行う。

当初の予定では、これに作文の公開とそれについての意見交換などを行い、また、学級全体での討論も、第11次ではなく、最後のまとめの段階で行うつもりでいたが、思った以上に話し合いに時間がかかったり、行事の都合で授業が潰れたりしたため、上記のような配当に変更した。最終的には１学期後半のほとんど全時間がかかり、扱う予定だった他教材が残ることになった。

5　授業の経過

〈第１次〉

「国際コース」に在籍していながら、ほとんどの生徒が「国際化」ということを深く考えておらず、単なる英語重視クラスだと思っている生徒も多かった。高１という学齢を考えれば、これは無理からぬことであり、まずその意識を変えるところから始めるつもりで、『国際感覚ってなんだろう』を読ませた。これは国語科としては読書指導と読書感想文の指導（教科書に読書感想文の書き方を説明したページがあるので、それを利用した）を行うものだが、同時に国際コース担任としての学級経営の一環でもある。国際人としての資質をいくらかでも理解した上で、それを今後の学校生活全般に活かしてほしいという願いのもとに行った。提出された読書感想文は、大半が著者の論に引かれたもので、

「今まで『国際人』とは英語が話せて世界を股にかけているような人だと思っていたが、本当はそのような外面的なものではないとわかった。」という論調になっていたが、帰国生の一部に、自分の海外経験を踏まえた感想文が見られ、国内生より深い考えのものが提出された。（［資料1］参照）

〈第2・3次〉

各班とも意欲的に調査し、立派な発表資料を作成して発表に臨んだ。図書館で調べる学習を行った際には、司書教諭の協力も得られ、蔵書検索の方法（知らない生徒がほとんどであった）を習って調べたり、授業者の提示したいくつかの資料（『現代用語の基礎知識』や百科事典類など）の他にも様々な書籍を探し出して調べたりしていた。特に「文化」について調べた第1班は、「文化」のみならず、「文化」にまつわる様々な用語（「文化進化」「文化接触」「文化相対主義」「文化摩擦」等）を調べ上げていた。筆者は第1章7で、古典教育分野において国際理解に最も重要なのは文化相対主義の視座を持つことであるという見解を述べているが、この班で「文化相対主義」が提出されたおかげで、次時以降の授業が円滑に進むようになった。ほとんどの生徒が文化相対主義に共感したからである。

質疑応答の際には積極的に質問をするよう促しておいたが、多くの生徒は自ら発言することにまだ抵抗があるようで、この段階では質問をする生徒が8名程度に偏っていた。但し、提出させた「班別発表感想・疑問点記入用紙」を見ると、熱心に発表を聞いていたことがわかる。

〈第4・5次〉

はじめから一字一句訳していくようなことはせず、範読をして大まかに全体の話をつかんだ後、白文（句読点や鍵括弧は付してある）のプリントを配布して、それだけを見て読み下すことができるよう練習させた。これは漢文の構造に対する感覚を身につけるためである。暗唱よりも、白文を見ながらの方が抵抗が少ないものと判断し、この方法を採った。列ごとに一文ずつ読ませたり、全員で全文を読ませたりといったことを繰り返した後、最後はくじ引きで3名の生徒に1人で全文を読ませるというやり方にしたため、無理なく読めるようになった。全文解釈はこれが終了した後、重要な句形の説明を交えつつ、比較的軽く行った。

〈第６・７次〉

机間巡視による事中指導。まとめあぐねている班や、見当外れなまとめ方をしている班には、どのようなところに注目すべきかを指導した。接続詞や指示語、事実を述べている箇所と意見を述べている箇所、入り組んだ文脈での主述の照応などが主な指導事項で、第７次もそうした言語事項的な要素を中心に要約の指導を行い、内容についての考えまでは出させずにおいた。

〈第８・９次〉

本来のバズ－セッション（六六討議）に近いものを行わせるつもりで、時間を短く設定していた。だが、テーマが大きかったため短時間では各班とも意見が出ず、結局第８次だけで１時間かけざるを得なかった。実は第８次と第９次を合わせて１時間で済ませるつもりでいたのだが、授業者の見通しが甘く、これは大きな反省点である。ただ、第９次では時間を使うに値するだけの様々な意見が提出されたので、結果的には時間をかけてよかったと考えている。なお、この時筆者は「漢文」を単なる外国の文章ではなく、「日本人の文化の受容のあり方の一つ」として大きく捉えさせることに重点を置いた。そうすることで、文化の受容は、日本文化に溶け込ませる形でなされていた点で古代も現代も本質的には変わっていないことに気づかせようとしたのである。

討議資料では、まず【バズ－セッション課題】として「各班で作った発表資料、漢文の故事成語（教科書にあるものばかりではない）、『身体像の近代化』の３つを材料に、『日本と他国の関係の特徴』（特に文化の受容のあり方の特徴）について話し合いをし、各班で出された意見を次の欄に書き留めて下さい。」とし、その後に「自班で出なかった意見を次の欄に書き留めて下さい。」としておいた。提示された意見は、概略次の通り。

第１班：日本は外国文化を無差別に受容し、自国文化を軽視してきた。

第２班：自国の進歩に有利なものなら柔軟に受け入れる姿勢があった。

第３班：日本は文化の受け入れのみ（例：漢字・故事成語・外来語など）で、日本独自の文化がない。

第４班：先進国との交流によって発展を遂げ、現在では先進国の一つになっている。

第５班：欧米の文化・文明の真似が多く、近世のキリスト教のように、受け入れすぎてやめねばならなくなったものもある。

第6班：総じて日本は、外国文化の受容と拒絶を繰り返してきた。

〈第10次〉

時間が苦しくなってきたため、『徒然草』の4つの章段全部を古文のまま読むことはせず、第12段のみを原文で扱うことにした。やはりここでは内容には深入りせず、用言や助動詞の活用・意味に注意しつつ、古語辞典を活用して意味を取ることを中心に行い、併せて形容詞・形容動詞の活用・用法に言及しておいた。

〈第11・12次〉

第8次の経験から、時間がかかることが予想できたので、第11次ははじめから1時間取った。そして、話し合いの形態も、完全なバズ－セッションをやめて、各班の話し合いの結果を授業者がまとめたものを作成し、これを基に一気に全体討議へ入っていくことにした。

第12次では教室全体で机を丸く繋げ、学級全員に授業者も加わった大ががりな円卓会議の形態をとった。全員が対等な立場で話し合いに臨めるようにするためである。何度も活発に発言する生徒はある程度固定しているが、この段階で、これまでのバズ－セッション型の討議に慣れてきたためか、クラスの3分の2程度の生徒が1度は発言した。それまでほとんど発言のなかった生徒が論争に加わる場面もあり、段々と自己主張ができるようになってきているのが実感できた。自己表現力は一朝一夕には育つものではなく、また、国語科のみで育てきれるものでもないので、今回はこの程度でも十分な成果が上がったと考えている。

〈第13次〉

期末試験が迫っていたため、意見文の提出締め切り日を試験後にせざるを得なくなり、この意見文は1学期の成績に入れることができなかった。しかし、国際化やコミュニケーションに関し、かなり考えを深め、的確に表現できるようになった生徒も多く、今回の単元学習は一応の成果を収めたと判断している。ここでも国内生と帰国生では若干考え方の違いが現れ、興味深い作品に恵まれることとなった。（［資料2］）

6　評価――「単元の目標」に対応して――

①　知識・技能に属する学力がどの程度ついたかは、考査の結果などによって判断した。概ね各個人の持っていた力を、それぞれの状況に応じて伸ばし得たと判断される。また、態度的な学力、特に学習への積極的参加については、話し合いで出てきた意見や意見文の内容を見る限り、各班員が概ね積極的に考えて取り組んだと判断される。

②　ほとんどの生徒が白文で読めるようになったことがまず第一の成果である。中国語文法的な説明による漢文の語順の知識を記憶するよりも、暗唱や白文読み下しによって感覚的に体得する方が国語教育としては望ましいものと考えるからである。中国文化と日本文化の影響関係については、上記①と合わせて行ったので、①に同じ。

③　文法に関しては習熟したとまでは言えなかったが、日本人のコミュニケーションについては、班ごとおよび学級全体での討議の中でかなり深められたと判断する。これは第13次の意見文の内容にもよく現れている。

④　読書については、継続的に指導していく必要が当然ある。特に新書類などの論説的な本に対して生徒は目を向けにくいので、夏休みの学年課題でも新書の読書を義務づけた。「国際感覚」に関する考えについては、かなり著者の見解に引かれる形ではあるが、学習者の意識に変革を起こすことができた。読書感想文の内容から、そう判断できる。

⑤　用語や事項についての認識は、「班別発表感想・疑問点記入用紙」を見る限り、十分深まったように思われる。情報収集能力については、まず図書館を使ったことのない生徒すらいる状態だったので、多くの生徒が蔵書検索を行えるようになっただけでも一定の成果が上がったと見てよいであろう。発表と質疑応答については、そもそも慣れないまま高校へ進学してきた生徒が多く、積極的な発言がまだ少なかった。しかし、この状態は単元の終わり頃にはかなり改善されたと考えている。

⑥　国際化への対応という点では、自己表現力をつけることが重要課題であり、この⑥はまさにそのための目標であった。結果としては、「班別討議から全体での検討へ」を繰り返すうちに、かなり多くの生徒に発言しようとする意欲が備わっていったと思われる。これは継続的な指導が必要な事柄である。

⑦「国際化」と「コミュニケーション」は不可分の事柄であり、本単元ではストレートにここに照準を当てた。これに関する自分の見解を持った上で、それを的確に表現することを狙いとしたが、提出された意見文を見る限り、かなりの生徒がこの目標を達成したと判断する。

なお、1学期の評定を出す際は、勤務校の内規に従い、平常点を試験の得点の2割程度として加算した。そのため、提出物1本につき5点以内で点数化し、試験の得点に加えて評定を出した。

7　まとめと課題

最後に、本実践全体の主眼としたことに言及しておく。それは一言で言えば、「国際社会に対応するための言語的素地を作る」ということである。しかしこのことは言語活動全体に関わるものであるし、社会や文化に対する認識があってこそ可能なものでもある。本実践で「単元の目標」が総花的で中心の見えないものになっているのはそのためであり、国語科の単元学習として目標を少なく絞ることはできなかったし、そこに拘りもしなかった。着実に言語能力をつけながら、同時に国際理解への認識も深められればよいと考えて実践を行った。

国際理解教育は道徳教育的色彩の強いものであり、学校教育の全活動を通して行われねばならない。その意味では「国語教育」の範疇に収まりきらない要素も当然含まれてくる。本実践では直接的に「国際理解」を前面に出したが、国際理解に資する要素は教科教育の中でも直接間接に含めていかねばならない。その中で、生徒の自己表現力・コミュニケーション能力を高め、同時に高校生として普通に身につけるべき国語力をも保証していくことは、継続的指導の中で行われていくことになる。

［資料1］生徒の読書感想文の例

「国際感覚ってなんだろう」を読んで　　M・Y

この題名を見た時、国際感覚ってなんだろうという問いかけに対して私はそれが一体何なのか、どういうものか、全く見当がつきませんでした。しかし、よく分からないまま読んでいくうちに段々とそれが私達にとってどう大切なのか、何故どういうものか理解しなければならないのか分かってきました。

偏見のない、差別のない世の中だといくら言ってもやはりそれらはまだ実際に達成されていません。昔ほどではなくとも差別というものはあるのです。私もアメリカのテキサス州に住んでいた頃、差別という程のものではないけれど、妹と学校の廊下を歩いていた時に低学年の子に「チャイニーズ」と連呼され、とても不快な思いをした事がありました。その頃はまだアメリカに来たばかりで英語も分からず、反論出来ませんでした。今となっては何も言い返せなかった事が悔しい思い出となっています。

この経験から私が思うには、いくら幼い子だからと言って見のがすのは良くないです。幼いうちから親がちゃんとしつけていかなければ偏見、差別は増える一方だと思います。(中略)

これからの時代は差別や偏見を一切なくし、自分とは異なる文化を尊重し、外国人だからと言って違う態度をとる人をなくした、自分の文化を守りながらも異文化を理解出来るような世の中にしていきたいです。

[資料2] 生徒の意見文の例

①国際化社会を生きる私達　A・S (国内生)

最近は日本人の世界に向けての視野が急速に広がり、盛んに国際交流が行われ、日本の国際化が進んでいる。街中を歩いていて外国人と擦れ違うことも珍しいことではない。今後、二十一世紀を迎えるにあたって、ますます国際化が日本中に広がることは言うまでもない。私達がこれからの国際社会を生きていく上でやはり重要なことは、コミュニケーション能力であると思う。授業で討論会をした時、日本人と日本人でのコミュニケーションでさえも、自己を表現することの難しさを感じたのに、外国人とうまくコミュニケーションができるはずがない。将来国際化した日本で生きていく私達にとって、今私達が身につけるべき力は、こうした自己表現力だと思う。しかし、こうした力は急に身につくものではない。私も授業に参加する前は、「他人とは、多少意見が違っても他人に合わせた方が争うことがなくていいことだ。」と思っていて、自分の考えを言葉に出さない方が多かった。そういう環境であった私にとって、急に自己をおもいっきり表に出して表現することは、少し困難なことである。だから、国際コースという中で自己表現する場があるというのは、とても心強いことで、そのような場に少しずつ慣れるように、日常生活の中でも自分の考えを持って行動できるように心がけたいと思う。(後略)

②国際社会について　　E・K（帰国生）

国際人、国際交流などを意識するべきではないと思う。

世界には、独立国だけでも百九十あまりある。その個々の国の中でも小さな集団に分けることができると思う。分ける基準は、文化・民族・言語・食事・気候・そこに居住している人々の考え方等、挙げようと思えばきりがない。

我々の普段の日常生活の中でも、このような、様々な種類の集まりと共に共同生活をしていることになる。本人たちで知らない内に、自分が今まで接したことのない、違和感のあるものを積極的に受け入れようと努力した。(中略)

しかし、人間にとって有利な世の中になる程、他の生物の生存率は低くなってきている。原因は、動物としての領域を人間が越えてしまったからだ。(中略)

国際とは、人間をわざわざ少数に分類するための言葉に思えてならない。人間と他の動物間の大きな絶壁を取り除くには、まず人類は皆同じだという意識を強めなくては何も始まらないと思う。

〔注〕

1）本節の副次的な提案意図として、「限定された条件に合わせてせざるを得ない授業」の中での工夫を提示することがある。高校の全国規模で考えると、複数の教員で進度を合わせて同一試験で評価するのが普通であるはずだからである。創意工夫に満ちた単元学習は非常に魅力的だが、現実にはそれができない条件下にある学校も多い。そうした条件下の、「普通に教科書を使った普通の授業」を質的に改善していく努力も、単元学習の開発と同様に重要な課題であろう。

2 文化論を読み、日本人論を書く
——説明的文章教材を用いた国際理解教育の実践——

1 はじめに

本実践は前節1より前の平成6年1～2月に、目白学園高等学校1年生普通コースの「国語Ⅰ」において行ったものである。筆者は当時、この学年の担任団に所属していた。はじめに明記しておくと、本実践は言うまでもなく「国語」の授業として行ったものであり、国際理解教育だけのために行ったものではない。あくまで言語の学習を通して国際理解にも資することを念頭に構想し、実践したものである。そしてまさにこの点に、本実践の国際理解教育としての独自性がある。言語の学習が主、国際理解が従と、明確に位置付けながらも、なおかつ必然的に国際的な視野から考え、理解していくことになる単元構成を行ったからである。ここでは高校1年生の3学期に、国語教科書の評論教材と組み合わせる形で教科書外の教材を選定し、読解指導と表現指導を中核にしながらも、その中で積極的に国際理解教育を推進していった。単元の中心は、読解後に書く小論文にある。

2 選定教材

本実践では、教科書所収の日本文化論と文化人類学に関する解説文を教材文として用いた1)。教科書教材は、加藤周一の著名な評論『日本文化の雑種性2)』である。教科書所収部では、「日本の文化は雑種の文化の典型」であるという考え方を中心に、加藤の日本文化や日本の知識人に対する見解を展開している。

同校における指導計画では、教科書教材以外は特に考えられていなかったが、筆者はこれに、祖父江孝男の放送大学印刷教材『改訂版　文化人類学―世界の民族と日本人―3)』の中から第13章「文化変化と文化変容」および第14章「国際理解と国際交流」の箇所を繋ぎ合わせ、筆者が便宜上「文化変容と国際理解」という標題（以下、この標題を用いる）を付けたプリントを追加教材として用いた。(放送大学の音声教材は用いていない。)

第13章「文化変化と文化変容」では、文化変化・文化変容とはどのようなものかについて、具体例を交えつつ分類・整理し、更に相対主義(文化相対主義)の考え方を紹介した上で、反文化変容運動や文化変容の評価、戦後日本の文化変化についてまで言及している。そして第14章「国際理解と国際交流」では、エスノセントリズムと相対主義を中心に、異文化に接する上での問題点や日本人の対外感覚に言及している。

3　教材観

加藤の結論は「日本の文化は雑種の文化である」の一言に尽きる。しかし論述の過程では、周到な論理展開により、西洋文化が日本に根付いているあり方(日本人が日本人の必要によって取り入れ、全て日本人の寸法に合わせてある)と、他のアジア諸国に根付いているあり方(西洋の植民地となったことにより、現地人の必要とは無関係に、万事西洋人の寸法に合わせてある)との比較を通して、日本の文化は純粋種の文化ではなく、雑種の文化であるという結論を導き、更に「雑種」という言葉に良い意味も悪い意味も与えないという、極力客観的に文化を見る観点を示している。本格的な比較文化論として生徒の世界に対する認識を深め、考察を促し得る良質な教材であると言える。接続詞・指示語・対比・例示・結論の導き方など、評論の学習事項も充実している。

祖父江の文章は本来が啓蒙書であり、「評論」というよりは「解説文」という性格の文章なのだが、高校1年生に専門用語の混じった大学の教材を読ませるという意味では、かなり丁寧な進め方が必要になってくる。上述の2か所では、まず第13章で、文化変容の定義とその種類および例と、相対主義や反文化変容運動、戦後日本の文化変化などについて解説している。そして第14章で、エスノセントリズムの説明と、日本人の対外感覚(外来文化一辺倒の時期と、外来文化への反発の時期が繰り返されるという、上山春平の説の紹介が中心)について解説している。この2か所を採用した理由としては、第一に、教科書の「日本文化の雑種性」と組み合わせて読む上で、題材・難易度とも最適と判断したこと。第二に、常に具体例を交えつつ比較文化論的に記述されていて、国際理解を促進するのに有益である上、両章とも日本人固有の問題に章末で触れているため、抽象論にならずに済むと考えられたこと。第三に、文化相対主義の考え方を、その欠点も含めて学ばせ、国際理解に資するものにし得るということ。以上の3点である。特に第三について一言しておく。筆者は第1章[7]において、古典教育の分野で国際理解教育を進める際には文化相対主義の考え方を導入するのが不可欠であるとの認識を提示したが、これは古典教育に限らず、少なくとも中等教育段階までなら異文化理解[4)]における最も重要な思想的観点であると考えている。これを学ばせることによって、互いの文化を尊重する態度も生まれてこようし、国語科としては、例えば世界の古典的な書物（先進国のものばかりではない）を読書生活の中に加え、しかも日本の古典と同様に尊重する態度を養い得るものと考えるからである。

4　実践の対象

平成5年度高等学校普通科普通コース1年生9クラス中の普通コース4クラス（各43名）。授業は、「国語Ⅰ」5単位中、現代文3単位が対象である。履修形態の詳細は、前章[1]と同じ時期の教育課程であるため、そちらを参照されたい。同校では学園全体の国際化を進めており、海外語学研修や交換留学などが積極的に行われている。従って留学生に接する機会が多いことなどもあって、国際的感覚は比較的よく身に付いているものと思われる。ただし、自己表現能力は話し言葉・書き言葉を問わず、若干不足気味の傾向が否めない。そのため、筆者の授業では毎回3分間スピーチを取り入れて全員に1度は発表させたり、できるだけ書く機会を多く取り入れるなど、表現力の向上には努めるようにしていた。

5　授業展開

5.1　授業展開の概要

〈第1次〉『日本文化の雑種性』の読解……6時間

使用教科書には評論単元が1つしかなく、同単元にも教材は2編だけであった。うち1編は向井敏の『暇つぶしこそ読書の魅力』で、これに比べ『日本文化の雑種性』は生徒にとって相当に難解であり、高校1年生で扱う2つ目の評論教材としては、筆者にとってもかなりの難物であった。もともと昭和30年に書かれた文章であり、内容的に古い上、マルクス主義経済学の考え方などが出てくるので、理解させるまでに随分と時間がかかる。この6時間は典型的な発問－応答型の授業であり、その大半は筆者の講義になってしまった。ただ、ここでは加藤の「日本の文化は雑種の文化である」という考え方と、そこに至る論理展開、および日本とヨーロッパの比較から、ヨーロッパを媒介とする日本とアジア諸国との比較へ発想が及んでいることに目を向けさせることを、最大の目標としていた。

第1次での筆者と生徒との発問－応答の中では、例えばあるクラスでは次のような問答があった（どのクラスも大同小異であった）。加藤が英仏の文化を「純粋種」の文化だと述べたところでの、若干社会科的なやりとりである。Tは筆者、Sは生徒で、応答は指名による。

T：この部分では、西洋文化を「純粋種」の文化だと言っているけれど、この先の内容に関わる重要なことなので、少し考えてみよう。例えば、もし我々の生活の中から、西洋的なものを取り去ったら、どうなるかな？

S1：生活が成り立たなくなると思います。

T：なるほど。でも、開国以前の日本では、ほとんど西洋の影響がなくて、しかしそれでもみんな生活していたよね。なぜ、今だと生活が成り立たなくなるのだろうか。

S2：それだけ日本の中に西洋文明が入り込んでいるから。

T：うん、きっとそうなんだろうね。じゃあ、もう少し昔のことを考えてみようか。江戸時代より前には、日本には外国の影響はなかったのかな？

S3：中国の影響があった。

T：そうだね。例えば今我々が使っている漢字や、お参りに行くお寺や、建物を建てる技術やらは、全部大陸から入ってきたものだよね。もっと前の、例えば古墳時代にも、日本と大陸との交通は盛んに行われていて、大陸の影響を受け続けて日本の文化は出来てきたんだろうね。ということになると、日本の文化の特徴とか、日本人の特長って、何なんだろう。

S4：人真似が上手い！

T：うん、いいところに気がついた！　どうやら本当の日本らしさって、外国の真似の上手さなのかも知れない。それに関係することを、加藤氏はもう少し後で「雑種」の文化という言葉を出してきて述べますが、今の時点では、日本の文化が、常に外国文化を受け入れ続けて成り立ってきているということを頭に置いといて下さい。

録音等による授業の忠実な再現ではないが、加藤が「日本の文化＝純日本的なもの、ではない」という主旨のことを述べているくだりに関連しての問答である。これまでは生徒も概ね、「日本の文化＝純日本的なもの」という考えを抱いていたのであるが、このあたりから生徒の日本文化に対する認識が、次第に変容してきているのが見て取れた。これにより、後で述べられる「日本の文化は雑種の文化である」という考え方が、スムーズに理解できた生徒が多かったものと考えられる。

〈第２次〉「文化変容と国際理解」の読解……４時間

「文化変容と国際理解」は啓蒙書なので比較的平易な文章になっているが、生徒にとっては初めて接する概念が多く登場するので、じっくり時間をかけて読んだ。ここでは「通読の後、加藤周一と祖父江孝男の精神的な文化についての考えの違いをノートにまとめよ」という課題をまず与え、初めから両者を比較して読むことを意識させ、まとめさせた。その後、要約作業などをまじえながら文章全体を読解し、重要点を整理させた。ここでは、特に要約力を養うと同時に、「日本文化の雑種性」と共通する比較文化論的な論理展開の方法に目を向けさせることに重点を置き、内容面では文化相対主義の考え方を学んで異文化理解の素地を養うことを主眼とした。

ここでは、相対主義の考え方が出てきたところで、次のような発問−応答が行われた。これも録音等による再現ではないが、概略、次の通りである。

Ｔ：日本にはいろんな劇がありますね。見たことがあるかどうかは知らないけど、例えば能と歌舞伎と現代劇では、どれが一番立派なんだろう。

Ｓ１：え、そんな「どれが一番立派」なんて、ないと思います。

Ｔ：どうしてそう思う？

Ｓ１：だって、みんな同じ日本の劇なんだし、同じような価値があるから。

Ｔ：うん、そうだ。それは正しいよ、きっと。でも今、「みんな同じ日本の劇」だって言ったね。じゃあ、例えば、日本の歌舞伎と西洋のオペラはどっちが優れているかな。他の人に聞いてみようか。

Ｓ２：それもどっちが優れているなんて、ないと思います。出来た国が違うだけだから。

Ｔ：なるほどね。では、歌舞伎――これは音楽と踊りというか、舞が入るのだけど――その歌舞伎とアフリカの民族舞踊はどっちが優れている？

Ｓ２：……。わかりません。比べられない……。

Ｔ：そうかな。だって、たった今、歌舞伎とオペラは「出来た国が違うだけ」だって言ったじゃない。歌舞伎もアフリカの民族舞踊も、それぞれの民族にとって大事な文化です。それを、片方が開発途上国だったりすると、つい「低いもの」だと思ったりしてしまうことが多いのだけど、でもやはり「出来た国が違うだけ」だ。どちらが優れているなんていうことはない、と自信を持って答えてほしいな。このような、互いの文化に優劣はない、という極めて大事な考え方を、文化相対主義と言います。

これは生徒に揺さぶりをかけて、まだ生徒の中にある開発途上国の文化に対する偏見を崩すための問答である。これにより、生徒たちが知らぬ間に持っていたエスノセントリズムに気付かせ、後半部の読解や、第３次の小論文に役立てようとしたのである。生徒の文化に対する認識の変容が、第３次の小論文で見て取れた。

〈第３次〉両者を比較して小論文を書く……１時間

これが本実践の中心的な作業である。次項で詳述する。

〈第４次〉提出された小論文の紹介……１時間

提出された小論文のうち、国語科教育・国際理解教育の双方の面から有用と思われる生徒作品を紹介し、優れていると思われる点を指摘し合うことで思索を深め、今後の国語学習と国際理解に資するようにした。

5.2　第３次の展開

第３次（１時間）で書かせる小論文の課題は次の通りである。

課題：「日本文化の雑種性」および「文化変容と国際理解」を読んだ上で、国際社会における日本人の望ましい姿とはどのようなものか、あなたの考えを述べなさい。

条件　①400字詰め原稿用紙２枚以上。

②「である」調で書く。（「です・ます」調にはしない。） ③大きく序論・本論・結論の３段落になるように構成する。

以下、本時の目標と学習過程（指導案）を示す。

ア　目標

⑴国語科教育上の目標

二つの説明的文章教材を同時に読み返しながら[5)]、自分の考えを論理的に文章化する力を高める。

⑵国際理解教育上の目標

「日本の文化は雑種の文化である」という日本文化独自の性質と、文化相対主義などの思想的観点を同時に見据えて自分の考えをまとめることで、異文化理解に必要な資質を高める。特に、文化比較を客観的に行う態度と、日本文化を相対化する視点とを身につける。

イ　本時の学習過程（指導案）

学習活動	指導上の留意点	国際理解教育との関連
①挨拶・点呼		
②課題の把握 「日本文化の雑種性」と「文化変容と国際理解」の両方を改めて読み直した上で、「小論文」を書く（そのための構想をまずまとめる）ことを把握する。	これまでの授業でまとめた文章の要点や、叙述の方法、用語の意味などを改めて見直してから構想を練るよう促す。	「雑種の文化」とか「文化変容」「相対主義」といった、日本人として国際理解に必要と思われる概念・用語を振り返らせる。
③原稿用紙使用法の復習 原稿用紙の用い方のうち、特に誤りやすい行末・行頭の処理を確認。	ごく軽く確認程度にとどめる。	

④構想メモの作成 2つの文章を読み返しながら構想メモを作成し、全体の構想をまとめる。その際、なるべく自分が経験した具体的事例や、一般に見聞きする事柄を入れ、それを国際的視点から考える。	第2次でまとめた要点などを参考にしつつ、2つの文章内容をもう1度把握させ、メモ用紙に構想を書かせるようにする。いきなり書き出さず、論理的な文章構成を考えてから書くよう促す。併せて机間巡視で、ノートにまとめてある要点を点検する。	文章の内容や用語・概念を総合させることで、一方に偏らない、情報を広く活用する姿勢を学び、多様な価値観の存在する国際社会に対応する素地を作る。併せて、身の回りの具体的な現象や事例を国際的視野から広く捉え、比較文化論的に思考することを、実際に自分で行わせるようにする。
⑤文章の作成 構想がまとまったら実際に文章化していく。	書くことが思いつかないまま悩んでいる生徒には、机間巡視をしながら適宜助言する。	論理的な文章を書くことにより、自己の主張を明確に表現する態度を養うようにする。特に、結論をはっきりさせ、そこに至るまでの筋道を説得力あるものにする能力を高める。
⑥まとめ・挨拶 作品を提出する。書き終えられなかった生徒には、翌日までの宿題とする。	次時で生徒作品の中からいくつか紹介しつつ本単元のまとめをすることを予告しておく。	

ウ　評価

形式的な文章を書くという点では一定の成果を収めた。文体や文章構成などは、一応の形が出来ているものが多かった。だが、例えば形の上で「序論・本論・結論」のようになっていても、実際にはさほど論理的とは言えない作品も多く、表現力以前の、論理的思考能力育成の必要が痛感された。

しかし一方で、かなり的確に思考し表現した作品も少なからずあり、第4次の授業で活用できる作品に恵まれる結果となった。次に生徒作品のうち、筆者のねらいにかなったものを2編紹介しておきたい。

〈生徒作品1〉　M. K.

「日本のどこが西洋化したのか。」という質問をされたら、日本人は一体どう答えるのだろうか。文字に横文字が増えたこと、ほとんどのトイレが洋式であること、普段は洋服を着ていること。ほとんどの人がこういう外見的な例を挙げるだろう。しかし、そういう面だけを考えて「西洋化」と呼ぶことが、国際社会の中で真に国際化した日本人として正しいことなのだろうか。

文化の西洋化により、生活が便利で快適になるというのは否定できない事実である。しかし私達は、共同の洋式トイレは不快な感じを受け、正式な場では和服を着て、フォークを使うよりは箸の方が使い慣れている、というように、西洋化を全面的に受け入れられない部分も持っているのである。これは、外面での西洋化に内面の西洋化が追いつかないからである。

ここで視野を広げて国際社会の中の日本を考えようと思う。例えば、国際化を目指して英会話を習ったまでは良いが、いざ海外で何かをしようとすると何もできない。国際人になろうとしても先進国にばかり目を向け、発展途上国の数々の問題について考えようともしない。前者は内面の国際化が伴わない例で、後者は国際化というのを狭い視野で見ている例である。どちらとも、精神の国際化ができていない日本人が外見的な国際化を求めた結果である。

今の日本は国際化を目指して、様々なものをそのまま吸収してしまった。しかし、真の国際化を目指すならば、そのままの形で吸収するばかりでなく、自分達なりの考えをしっかり持った上で考え、受け入れやすい形に直して吸収すべきである。国際社会の中での日本人として私達は、内面も外面もバランス良く兼ね備えた国際人を目指し、日本人ならではの感性を生かしながら、世界中に目を向けるべきなのである。

〈生徒作品２〉　A．Y．

国際交流ということが盛んに言われる。来日する外国人が増える一方、日本人も海外に駐在して仕事をしたり、留学する人も増えた。

しかし、国際交流というとき、それぞれの国によって交流の内容が異なると思う。西ヨーロッパでは、経済から一体化を進めて、通貨も統一しようとしているかと思うと、東ヨーロッパでは、紛争対立が激化している。

外国においても、日本で言われている様な国際交流が説かれているのだろうか。確かに日本は、民族も文化も慣習も異なると言われている。しかし、民族としては東アジアの国とほぼ同じであり、日本の文化は古来から中国、韓国、更にはインドその他の影響を受け続けてきたし、明治以降も欧米の影響を受けてきている。上山氏や祖父江氏の言うように短い周期では、外国文化の受容の周期とこれに反発する周期が繰り返されてきてはいるが、長い周期でみれば確実に外国の文化の影響を受け続け、変容し続けていると言えると思う。

日本人が国際交流を説くとき、その底には、日本の文化は独自のもの、日本は外国とは違うという意識が働いていると思う。同じ日本人でも地域によって慣習の違いはある。また人それぞれの考え方の違いもあるのだから、民族や国が違えば違いがあるのは当然だろう。

違う者どうしが交流しようとする時、その違いを認識し、相手の慣習、考えを尊重することが不可欠だと思う。それは日本人どうしの交流の場合も、外国、外国人との交流の場合も同じだと思う。祖父江氏は、相対主義は既に過去のものになったと言う。すべての違いをそのまま認めてしまう相対主義は意味がない。しかし、国際社会で否定すべき違いは、人名や人間の尊厳にかかわるもののごくわずかの部分でしかなく、他の部分はその違いをそのまま認める方がより相手の尊厳を尊重することにつながると思う。そのように変化した相対主義が国際社会に生きる鍵だと思う。

〈生徒作品１〉では、自ら意識して視野を拡大し、世界の中の日本について考えようとしている点、〈生徒作品２〉では、文章中の言説を踏まえながら、「変化した相対主義」という考え方を出している点、特に高く評価できる。以上の２編に限らず、内容的には日本文化の特性や文化相対主義の重要性などを十分に理解しているものが多く、今の生徒達は予想以上に国際的感覚が身に付いていると感じさせられた。なお、提出された生徒作品には内容・構成・表記などを考慮しながら５段階で評価を行い、学年末成績を出す際に加味した。ただし作品の点数化は行っていない。

6　まとめ

はじめに述べたように、本実践はあくまで「国語」の授業として行ったものであり、しかもこの勤務校では他学級と共通問題で定期考査を行うため、あまり筆者独自の授業ばかりやるわけにもいかなかった。だが、一方でかなり国際理解教育を意識して構成した単元でもあり、ある程度限定された条件の中で、可能な限りの広がりと深みを持たせようとしたものでもある。比較的自由度の低い条件下での実践例としては意義あるものになったと考えているが、もっと多様な活動を取り入れることも可能だったであろう。例えば、日本文化の特性や異文化理解の問題についての議論を行う・小論文の執筆に先立ち図書館の資料を用いて調べることで学習を深める・出来上がった小論文を相互評価するなどして更に自己の考えを深める、など。こうした多様な学習活動を、限られた条件下でも取り入れ、国際理解教育により資するものにしていくことは、常に必要であろう。

〔注〕

１）どちらも広い意味での文化論だが、後者の解説文は「評論」とまでは言えないので、本節の標題では「説明的文章教材」という表現を用いてある。

２）明治書院『精選国語Ⅰ二訂版』（平成５年１月20日三版発行）所収。

３）放送大学教育振興会、1991,3,20。この放送大学教材は、祖父江の著作である中公新書『文化人類学入門』（1979　中央公論社）を基に、修正を加えながら書かれたものである。特に第14章「国際理解と国際交流」は『文化人類学入門』にはなく、新たにつけ加えられたものである。

4）「異文化理解」と「国際理解」は異なる概念であるが、本実践では用いた教材の性格上、異文化理解がそのまま国際理解になっている。従って、以下この両者は厳密に区別せず、適宜用いることにする。

5）複数の文章を資料として同時に読む活動を取り入れることについては、筑波大学大学院における桑原隆氏の授業（1987年度開講「国語科授業分析演習」等）を参考にした。1つの文章をただ読み解くだけでは、生徒の思索もあまり深まらない。一方、2つ以上の文章を資料として同時に読み、それらを総合しつつ考えをまとめていけば、自然と思索も深まっていく。可能ならば最初の段階から一気に複数の文章をまとめて読解させるべきだが、文章が難解ならば簡単にはいかない。そこで今回は、読解済みのやや高度な文章を改めて読み返し、考えをまとめる方法を採った。

第5章

「伝統的な言語文化」への別角度からのアプローチ
――「創作古文」および「近代文学の古典」を軸に――

筆者には、「言語文化」という語が「伝統的な言語文化」ひいては「古典」とほぼ同義に解釈されるのは遺憾であるという問題意識がある。また、文語文にしても、「伝統的な」ものを読んだり調べたりするばかりではなく、それを新たに生み出していくことも意義のある活動であると考えている。

そこで本章では、第3章の2で述べた「文語作文」に関する分析と実践、更には近代文語文ではなく漱石の『こころ』を近代の古典の一つと認定してここから「伝統的な言語文化」について考えさせる実践報告を掲載する。なお、1の前半は必ずしも「言語文化」を意識したものではないが、論述内容の関係でほぼ全文を掲載する。

1 情報を収集・活用して発表を行う

はじめに

本節初出の浅田（2001a）は、標題のテーマでの「報告や発表」に関する「言語活動例」を紹介するという課題の下に執筆されたものである。

平成11年版高等学校学習指導要領の文言に、「情報を収集し活用して，報告や発表などを行うこと。」とある。これに関し、文部省『高等学校学習指導要領解説国語編』には、

　ここでは，「情報を収集し活用して，」ということを前提としている[1)]。

と述べられており、情報社会において言語情報を中心とする様々な情報の、収集・整理・分類・取捨選択などを行うこと、およびそれを基に聞き手に対して効果的な報告や発表を行うことの重要性を説いている。

現代の情報社会を念頭に、こうした記述がなされるのは当然のことである。実際、情報通信技術（ICT）の急速な進展は、日常生活・学校生活とも、あっと言う間にその渦中に巻き込んでしまった感がある。しかしながら、この解説では「言語情報を中心とする」という記述があり、「情報」の意味を国語科の立場から押さえている。これは倉澤栄吉が、早く昭和40年代に情報化社会における読解・読書指導論を唱え、文章から読み取れる内容を「情報」と捉えて諸論考を展開していること[2)]などを受けているように思われる。「情報の収集」は、ICT を用いるものだけとは限らない。この点は、倉澤のそうした論考から約30年が経過した本稿初出執筆時の2001年でも、本書刊行の2018年でも、少しも変わるものではない。それを前提に、本節では筆者が2000年度に行った２つの実践事例を、「言語活動例」として紹介する。

1　先行実践について

「報告や発表」の実践は、枚挙に暇がない。これはほとんどの場合、何かを読み、書いて資料などにまとめ、それを題材にして話し聞く、という一連の言語活動を伴うものであり、つまりは多くの「単元学習」がこの形態に当てはまる。つまり、「報告や発表」の授業は多かれ少なかれ単元学習的な色合いを帯びるのである。中学校について言えば、大村はまの単元学習がその代表であることは言うまでもない[3)]。また、日本国語教育学会『月刊国語教育研究』などのこれまでの話し言葉指導の論考にも、意欲的な実践や提案が多い。

一方、単元学習以外の実践研究を見ても、単に「報告や発表」を行うのみならず、「スピーチや説明」「話し合いや討論」といった話し言葉の諸活動を兼ね備えることも多い。「伝え合う力」の育成を目指す以上、これは当然のことである。例えば花田修一（1997）や中村敦雄（1998）の実践研究書などには、その成果が様々な形で結実している。

要するに、「報告や発表」は純粋にそれだけの指導になることは少なく、その他の様々な活動を含み持つことが圧倒的に多い。この点を確認した上で、筆者の実践を紹介する。

2　事例１――帯単元「仕事探究！」

2.1　勤務校の状況

筆者の当時の勤務校であった筑波大学附属坂戸高等学校は、２年次以降に大幅な単位制を取り入れた総合学科の高校で、農業・工業・家庭・商業の４専門教科を軸とする教育課程が編成されている。ただし１年次においては、原則履修科目「産業社会と人間」および専門教科の「系列基礎科目」以外は、普通科と同様の教育課程を設けていた。なお、勤務校は当時は２期制であったが、筆者の転勤後は３期制となり、平成29年度現在はSGHの指定を受け、平成29年２月に埼玉県で初めて国際バカロレア認定校となり、平成30年度入学生からは高校２・３年生を対象としたIBディプロマ・プログラム（DP）を導入することになっている。

2.2　単元の概要

本単元は、「仕事探究！――発表技術を高めよう」と名付けた。「国語Ⅰ」の毎回初めの10分程度を使い、「興味のある職業」について調べてきた内容を、発表資料を併用して報告するものである。対象は１年次生２クラス。実施時期は１年次後期。発表時間は１人３分程度で、１クラス40名（うち男子は13～14名）を出席番号順に毎回１人ずつ。発表前の資料配布と発表後の質疑応答および授業者のコメントを合わせて、約10分となる。

筆者は、話し言葉指導のためにこうした帯単元を設定することが多い。これまでも、本を紹介するスピーチ（読書指導を兼ねる）や、日々の生活で思うことをスピーチする帯単元をしばしば設定していた。よくあるタイプの単元だが、これらの実践では、必ずスピーチ後の「自己評価票」の提出と、自分以外の発表者のスピーチについての批評を記入する「コメント記録用紙」を書かせ、提出させている。特に後者は、聞く側の態度を育てるものとして重視している。今回の実践でも、その方法は踏襲した。

同校に入学してくる生徒はわざわざ総合学科を志望してくるため、職業に対する興味・関心が概して高い。ところが、具体的な職業の知識はあまりない。そこで、職業調べをテーマにすることで動機付けとし、しかしあくまでも「発表」の仕方に重点を置くことを明言してある。すなわち、話の速さ、声の大きさ、身振りや表情、目立つ癖、事前の準備状況などについて、自分や級友を評価し、その積み重ねによって各自の発表の力量を高めるよう促している。

発表の項目としては、自分が選択した職業に関し、どういう仕事か、どうすればなれるか、調べた感想、参考資料、の最低4項目は必ず述べるよう指示した。

調べ方としては、一例として、ぺりかん社の『なるにはBOOKS』シリーズという、中・高校生向けの職業ガイドを挙げたが、特に指定はしていない。参考資料としては何を調べてもよく、実際にその仕事に就いている知人がいれば、インタビューを申し入れて聞き書きを行ってもよい、とした。また、インターネットも自由に使ってよいとした。ただしメディアリテラシーの観点から、好ましくない情報を提供しているウェブサイトや、信頼性の低いページには注意すべきであることも指導している。

2.3 単元の実際

自己評価票とコメント記録用紙は、図1・2のようなものである。

概して多くの生徒が発表資料とは別の発表原稿を用意しており、それを教壇上で読み上げる。緊張すればするほど原稿にばかり目が行き、学級を見ながら話す余裕がなくなる。その度に授業者は、極力前を見るよう努力してほしい旨、事後に批評することとなる。一方、中には発表原稿を丸暗記してくる生徒もいる。その努力は立派だが、書物から引用した発表資料を書き言葉のまま暗記してきて通常のスピードで話されると、わかりにくくなってしまう。そこで、話の速度を考え、丸暗記ではなく大体を覚えておいて、時折メモを見る程度が好ましいと指導している。また、発表資料は読み上げたり暗記したりするものではなく、発表の効果を上げるために併用すべきものであることも指導している。

発表が進行するにつれ、これに応えてくれる生徒が出始めた。図3は丁寧な資料に、更に自分の説明で肉付けをしていき、発表時間の8割方、聞き手の方を向いていた生徒のもので、速さも姿勢も良かったものである。また、図4は余計な文字は書かずに「農業」についてその重要性を発表した生徒のものである。この両者は「発表」としての体裁が非常によく整っており、情報の取捨選択もよく行われていて、模範的であった。

聞く側については、コメント記入用紙を見る限り、かなり熱心に聞いていることが窺える。加えて、片方のクラスは質疑応答で非常に活発に質問が出る。

図1　自己評価票

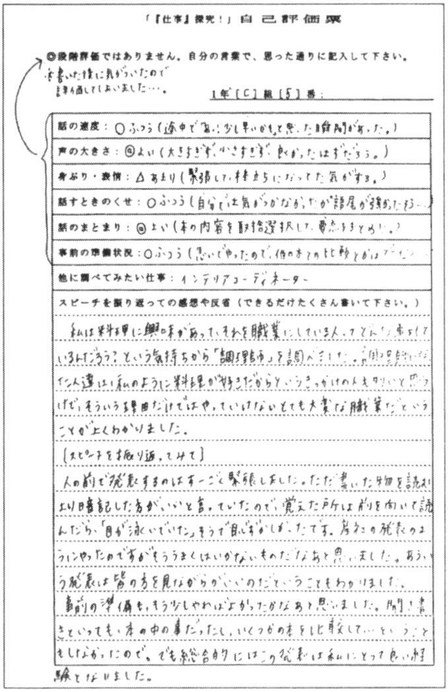

「『仕事』探究！」自己評価票

◎段階評価ではありません。自分の言葉で、思った通りに記入して下さい。

※書いた後に気がついたので評価してしまいました・・・。

1年［C］組［5］番：

話の速度：○ふつう（途中で急に少し早いかもと思った瞬間があった。）

声の大きさ：◎よい（大きすぎず、小さすぎず、良かったはずだろう。）

身ぶり・表情：△あまり（緊張して棒立ちになってた気がする。）

話すときのくせ：○ふつう（自分では気がつかなかったが語尾が強かったかも…）

話のまとまり：◎よい（本の内容を取捨選択して、要点をまとめた。）

事前の準備状況：○ふつう（急いでやったので、他の本との比較とかは[illegible]

他に調べてみたい仕事：インテリアコーディネーター

スピーチを振り返っての感想や反省（できるだけたくさん書いて下さい。）

私は料理に興味があってそれを職業にしている人ってどんな事をしているんだろう？という気持ちから「調理師」を調べました。調理師になった人達は私のように料理が好きだからというきっかけの人も多いと思うけど、そういう理由だけではやっていけないとても大変な職業だということが良くわかりました。

［スピーチを振り返ってみて］

人の前で発表するのはすごーごく緊張しました。ただ書いた物を読むより暗記した方がいいと言っていたので、覚えた所は前を向いて読んだら「目が泳いでいた」そうで恥ずかしかったです。普通の発表のようにやったのですがそううまくはいかないものだなあと思いました。ああいう発表は皆の方を見ながらがいいのだということもわかりました。

事前の準備も、もう少しやればよかったかなあと思いました。聞き書きといっても、本の中の事だったし、いくつかの本を比較して…ということもしなかったので。でも総合的にはこの発表は私にとって良い経験となりました。

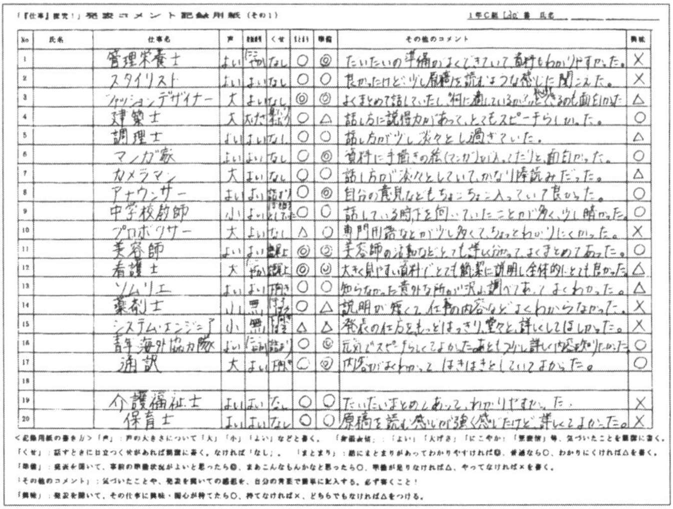

「『仕事』探究！」発表コメント記録用紙（その1）　1年C組［30］番　氏名

No	氏名	仕事名	声	身振表情	くせ	まとまり	準備	その他のコメント	興味
1		管理栄養士	よい	にこやか	なし	○	◎	だいたいの準備がよくできていて資料もわかりやすかった。	×
2		スタイリスト	よい	よい	なし	○	○	良かったけど少し原稿を読むような感じに聞こえた。	×
3		ファッションデザイナー	大	よい	なし	◎	◎	よくまとめて話していたし、何に適しているか?[illegible]くるのも面白かった	△
4		建築士	大	大げさ	[illegible]	○	△	話し方に説得力があって、とてもスピーチらしかった。	○
5		調理士	よい	よい	なし	○	○	話し方が少し淡々とし過ぎていた。	△
6		マンガ家	よい	よい	なし	○	◎	資料に手描きの絵（マンガ）が入ってたりと面白かった。	○
7		カメラマン	大	よい	なし	○	○	話し方が淡々としていて、かなり棒読みだった。	△
8		アナウンサー	よい	よい	[illegible]	○	◎	自分の意見などもちょこちょこ入っていて良かった。	○
9		中学校教師	小	よい	[illegible]	○	○	話している時下を向いていたことが多く、少し暗かった。	○
10		プロボクサー	大	よい	なし	△	○	専門用語などが少し多くて、ちょっとわかりにくかった。	×
11		美容師	よい	よい	[illegible]	◎	◎	美容師の活動などとても詳しく分かって、よくまとめてあった。	○
12		看護士	大	にこやか	[illegible]	◎	◎	大きく見やすい資料でとても簡潔に説明し全体的にとても良かった。	△
13		ソムリエ	よい	よい	[illegible]	○	○	知らなかった意外な所が沢山調べてあってよくわかった。	△
14		薬剤士	小	無	[illegible]	○	△	説明が短くて、仕事の内容などよくわからなかった。	×
15		システム・エンジニア	小	無	[illegible]	△	△	発表の仕方をもっとはっきり、堂々と、詳しくしてほしかった。	×
16		青年海外協力隊	よい	にこやか	[illegible]	○	◎	元気でスピーチらしくてよかった。あともう少し詳しい内容を知りたかった。	○
17		通訳	大	よい	[illegible]	○	◎	内容がよくわかって、はきはきとしていてよかった。	○
18									
19		介護福祉士	よい	よい	なし	○	○	だいたいまとめてあって、わかりやすかった。	×
20		保育士	よい	よい	なし	○	○	原稿を読む感じが強く感じたけど、詳しくてよかった。	×

<記録用紙の書き方>「声」：声の大きさについて「大」「小」「よい」などと書く。　「身振表情」：「よい」「大げさ」「にこやか」「無表情」等、気づいたことを簡単に書く。

「くせ」：話すときに目立つ癖があれば簡潔に書く。なければ「なし」。　「まとまり」：話にまとまりがあってわかりやすければ◎、普通なら○、わかりにくければ△を書く。

「準備」：発表を聞いて、事前の準備状況がよいと思ったら◎、まあこんなもんかなと思ったら○、準備が足りなければ△、やってなければ×を書く。

「その他のコメント」：気づいたことや、発表を聞いての感想を、自分の言葉で簡単に記入する。必ず書くこと！

「興味」：発表を聞いて、その仕事に興味・関心が持てたら○、持てなければ×、どちらでもなければ△をつける。

図2　コメント記録用紙

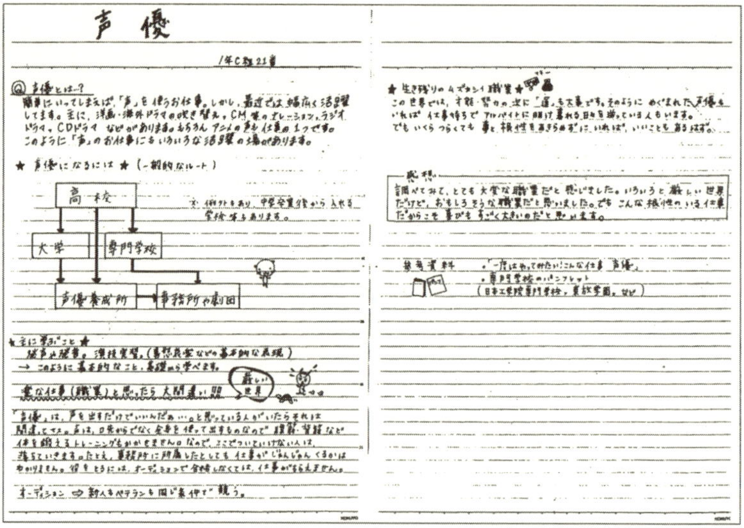

声優

1年C組21番

Q 声優とは…?

簡単にいってしまえば、「声」を使うお仕事。しかし、最近では幅広く活躍してます。主に、洋画・海外ドラマの吹き替え、CM等のナレーション、ラジオドラマ、CDドラマなどがあります。もちろんアニメの声も仕事の1つです。このように「声」のお仕事にもいろいろな活躍の場があります。

★ 声優になるには ★ （一般的なルート）

高校 → 大学 / 専門学校 → 声優養成所 → 事務所や劇団

※ 例外もあり、中学卒業後から入れる学校もあります。

★主に学ぶこと★

発声や発音。演技実習。（喜怒哀楽などの基本的な表現）

→ このように基本的なこと、基礎から学べます。

楽な仕事（職業）と思ったら大間違い!! 厳しい世界

「声優」は、声を出すだけでいいんだぁ…。と思っている人がいたらそれは間違ってます。声は、口先からでなく全身を使って出すものなので、腹筋・背筋など体を鍛えるトレーニングもかかせません。なので、ここでついていけない人は、落ちていきます。たとえ、事務所に所属したとしても仕事がじゃんじゃんくるかはわかりません。役をとるには、オーディションで合格しなくては、仕事がもらえません。

オーディション ⇨ 新人もベテランも同じ条件で競う。

★ 生き残りのムズカシイ職業 ★

この世界では、才能・努力の次に「運」も大事です。そのようにめぐまれた声優もいれば仕事待ちでアルバイトに明け暮れる日々を送っている人もいます。でもいくら つらくても夢と根性をあきらめずにいれば、いいこともあるはず。

感想

調べてみて、とても大変な職業だと感じました。いろいろと厳しい世界だけど、おもしろそうな職業だと思いました。でもこんな根性のいる仕事だからこそ喜びもすごく大きいのだと思います。

参考資料

・「一度はやってみたい!こんな仕事 声優」

・専門学校のパンフレット（日本工学院専門学校、東放学園、など）

図3　発表資料①

図4　発表資料②

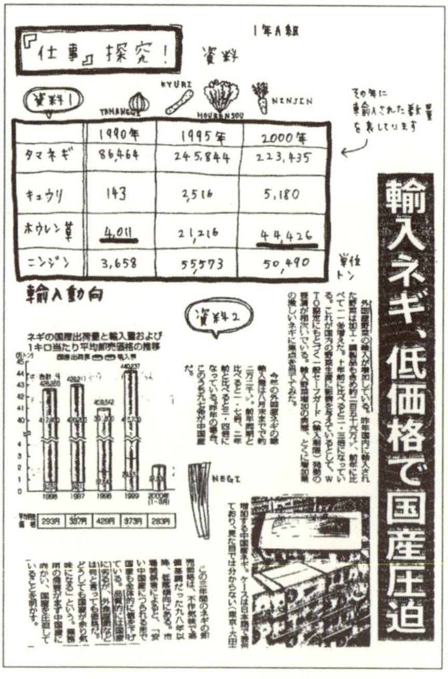

『仕事』探究！ 資料

1年A組

資料1

	1990年	1995年	2000年
タマネギ	86,464	245,844	223,435
キュウリ	143	2,516	5,180
ホウレン草	4,011	21,216	44,426
ニンジン	3,658	55,573	50,490

その年に輸入された数量を表しています

単位 トン

輸入動向

資料2

輸入ネギ、低価格で国産圧迫

外国産野菜の輸入が増加している。昨年国内に輸入された野菜は加工・調製品も含め約二百五十六万トン、前年に比べて二[illegible]%増えた。十年前に比べると二・三倍になっている。これが国内の野菜生産に影響を与えているとして、WTO協定にもとづく一般セーフガード（輸入制限）発動の要請が相次いでいる。輸入野菜増加の実態、とくに増加の激しいネギに焦点を当ててみた。

今年の外国産ネギの輸入量は八月末までで約二万三千トン。前年同期と比べると二・七倍、二年前と比べると三・四倍になっている。昨年の場合、このうち九七%が中国産だ。

ネギの国産出荷量と輸入量および1キロ当たり平均卸売価格の推移

増加する中国産ネギ。ケースは日本語で表示しており、見た目では分からない（東京・大田市場）

この三年間のネギの卸売価格は、不作気候で高値基調だった九八年以降、低落傾向にある。市場関係者によると、「安い中国産につられる形で国産も全体的に値を下げている。品質的には国産に劣るが、外食産業などは何と言っても価格だ。どうしても国産が余り気味になる」という。業務用の需要がまず中国産に向かい、国産を圧迫していることを明かす。

（全国農業新聞2000年10月13日）

よく聞いている証拠なのだが、時間の関係で質疑を打ち切らざるを得ないこともあり、その点が残念である。

2.4 実践上の課題

全員が年間2回以上の発表なりスピーチなりを行う時間的余裕がない。授業者としては、発表のレベルがクラス全体で少しずつ高まっていけばよいと考えているが、できれば一人一人を確実に高めたいとも思う。この帯単元は、全部でおよそ8時間程度になるものであるが、これ以上の大がかりな話し言葉指導の時間が作れないのが実状である。また、評価については、発表をやったという事実と、自己評価票およびコメント記入用紙の提出によって行い、発表の巧拙による差はつけていない。発表順の遅い者が有利になる可能性が高いからである。しかし、これは結果として話し言葉指導の内容が評価に反映しないことにも繋がるので、検討すべき課題である。

3 事例2―「筑坂(つくさか)物語集を作ろう！」

3.1 学習者の状況

本単元は、2・3年次共通選択科目「古典講読」の授業において行ったものである。当時の勤務校では、国語科は1年次の「国語Ⅰ」が唯一の必修科目であり、その他は、一部の3年次科目を除けば、全て2・3年次合同の選択科目となっていた。「古典講読」に関しては、特別な履修条件はない。従って、1年次で「国語Ⅰ」を履修後、2年次で国語を全く取らず、3年次で「古典講読」を取って1年ぶりに古文を見る、という生徒も含まれることになる。加えて、勤務校の「国語Ⅰ」では、古典文法（特に用言・助動詞の活用・接続）を記憶させていなかった。2年次以降、かなり多くの生徒が古典関係の科目を履修しないので、文法の理解は促すものの、記憶の強制はあまり有益でないという判断に基づくものである。（「国語Ⅰ」では定期考査の際、活用表を印刷したプリントを配布していた。）「古典講読」選択者の中には文法を全く覚えていない3年生もおり、そういう生徒でも十分古典を楽しめるような授業が想定されている。

2000年度の使用教科書は三省堂『古典講読　日本の説話』。宇治拾遺物語と今昔物語集を中心に、説話だけで構成した教科書である。選択者は22名（うち男子３名、また、２年生は女子のみで５名)。生徒のこれまでの古典学習状況や、進路決定にあたって必要か否か等を調査した上で、「基本的に原文で読み、生徒自身に大まかな内容を把握させる。文法の説明は感覚的にわかるよう平易にし、活用表の暗記は強制しない。」という方針を立てた。そして、細かいことはあまり気にせず、自分で話の内容を楽しむ姿勢で臨むよう促していた。

3.2　単元の概要

この科目で当初から計画していたのが、第３章[2]で提案した「文語作文とその発表」である。これは教科書『日本の説話』をある程度読んだ後、時期としては後期に、グループ活動で現代語の「説話」を作り、協力して文語に訳し、発表資料にまとめ、発表会を行う、というものである。あくまで言葉遊びの一種としての言語活動であり、もとより「正確な文語文」を作らせようというものではない。教科書で説話を多く読むことになるので、説話の文体や語感に慣れる、すなわち言語感覚が養われてくる。その言語感覚を更に磨く意味で、「文語作文」を行わせた。しかも、この学習には話し合いや発表という活動が伴われる。筆者はかねがね古典の学習に話し言葉の指導を採り入れる必要性を感じており、これまでも、グループによる和歌の研究発表等は時折行っていた。今回は、古典の授業を活性化し、併せて話し言葉の指導をも行うにはこうした学習が有効であると考えて、組み込むことにしたものである。

ところで、この学習を、「情報を収集し活用して，報告や発表などを行うこと」の「言語活動例」として述べる理由について、一言しておく必要があろう。これは先の「仕事探究！」とは異なり、「情報を収集し活用して」という部分がないように見えるかも知れない。しかし、実は生徒たちは「文語作文」を行う時点で、文語に関する様々な情報を「収集」し「活用」しなければならない。なぜなら、選択者のほぼ全員に、古語や文法についての知識が定着していないため、「記憶している知識」を使って文語作文を行うことはできないからである。従って、教科書・古語辞典・文法書（採択していないため、各グループに一冊ずつ貸与)・国語便覧等を十分に活用しなければならず、また、作る話によっては、背景等を調べるために図書室の参考図書も用いなければならない。また、幸い絵を描くことが好きな生徒も多かったので、「挿し絵も作ってほしい」と要望した。そのため、参考にする絵画等の資料を、やはり図書室で調べることになる。こうした、言語情報（特に、言語そのものについての情報）や視覚的な情報を活用して創作を行い、発表の際には全員が何かを担当して発言し、聞く側はやはり発表についてのコメントを書くように設定した。「情報」の内容や集め方は「仕事探究！」と趣を異にするが、古典分野の指導で「情報」を集め「発表や報告」をする場合、生徒の状況によってはこうした方法もある、と考えた上での試みである。

グループは４つ。２年生グループ１つに、３年生グループ３つである。時期は2000年11～12月に、週１回２時間続きの授業３回分（計６時間）を用いて話し合いと創作を行わせ、発表資料等を作成させた。実は年内で終わらせるつもりだったが思うように進まず、結局年を越してしまった。しかし冬休み中に公共図書館で資料を調べたり、挿し絵を美しく仕上げてきたりした生徒たちが出たので、結果的には急がなくてよかったと言える。年明け最初の授業（２時間）で発表会のグループ内の打ち合わせと本番を実施し、感想記入用紙（各班について、「良かったところ」「工夫すべきところ」「その他感想・反省など」を記入する）を提出させて終了した。

3.3　単元の実際

４つのグループが作成したのは、第１班「焼豚与ふること」、第２班「ドラえもん」、第３班「俊造と大根ときつね」、第４班「白雪姫」という４話。なお、第４班が２年生グループである。以下、各班の概要を紹介するが、本節は話し言葉指導の実践に関するものであるため、完成した作品本文の引用と分析は次節で行う。

第１班は自分たちを家族に見立てて人物設定をし、舞台として勤務校を登場させ、聞く側にとっても身近な感じのする話を作った。その中で、授業で扱った教科書教材「袴垂と保昌」（宇治拾遺物語）中の会話文をパロディ化して用いている。発表時は、役割ごとにラジオドラマ風の朗読を行った。第２班は著名な漫画「ドラえもん」の登場にまつわる話を改作し、文語文化した。「ロボット」を「からくり人形」と訳すなど、工夫の跡が楽しい作品である。第３班は、飢えた狐に大根を与えて救った貧しい男が、狐の恩により黄金の大根を手に入れる、一種の因果応報譚である。長さは短かったが日本の昔話らしい趣があり、千代紙で作成した美しい挿し絵もつけた。第４班は２年生の作品だが、作品の完成度は最も高かった。白雪姫が、彼女にかけられた保険金を狙う継母から毒を盛られ、犯人である継母は逮捕されるが、白雪姫は生き返らない、というブラックユーモアを持つ話である。語彙・文法とも他班に比べ綿密に練られており、発表時の聞き手の反応が最も良かったものである。

発表にあたっては、必ず全員が何かの役割を分担して話す（または朗読する）こととし、更に、取り組んだ感想を全員に発表させた。

3.4　実践上の課題

ある程度古文に対する慣れが必要であるとともに、それなりに時間も費やすため、２年生以上でなければ実施しにくいかも知れない。また、文語作文の作成に拘わるあまり、「正確な文語訳」を追求しても意味がない。あくまで「言葉遊び」であることを肝に銘じ、古典の授業を活性化し話し言葉の指導も組み込むという目的を忘れずにおくことが大切であろう。今回は発表に際し、話の

速度や声の大きさといった、話し言葉としての留意点を十分に指導しきれなかったので、その意味では中途半端に終わってしまったことは反省点である。

4　おわりに

「報告や発表」には、聞く話すのみならず様々な活動が伴われることを前提に、２つの実践を紹介した。諸家の実践に学びつつ、授業の条件が許す限り、機会をとらえて話し言葉による活動を組み込んでいくことは、今後の高校国語教育の至上命令となるであろう。更なる向上を目指したい。

〔注〕

１）文部省『高等学校学習指導要領解説国語編』1999　東洋館出版社　pp.64～65

２）『倉澤栄吉国語教育全集11　情報化社会における読解読書指導』（1988　角川書店）所収諸論考参照。

３）筑摩書房『大村はま国語教室』の第一巻「国語単元学習の生成と深化」（1982）・第二巻「聞くこと・話すことの指導の実際」（1983）所収諸論考参照。なお、大村以外の諸家による中学校・高等学校の優れた単元学習実践報告集として、日本国語教育学会『国語単元学習の新展開Ｖ中学校編』『同　Ⅵ高等学校編』（ともに1992　東洋館出版社）は代表的なものと言える。

2　生徒創作による文語作文の分析
――古文に対する言語感覚の一端――

1　本稿の目的

第3章 2 では「文語作文」に言及し、これを授業に取り入れる際の注意点として、

① あくまで一種の言葉遊びとしての言語活動であることに留意し、厳密な正確さを求めないようにする。

② 文語文を書かせるための体系的な文法学習は行わないようにする。

③ 個人で書いて終わりにするのではなく、グループ活動や発表等によって集団の活動にする。

の3点を挙げた。そしてこれを勤務校選択講座「古典講読」において「筑坂物語集を作ろう！」という単元名で実践し、その概要を本章 1 で紹介した。

本節は、本実践の生徒の創作による文語文を示し、分析することを目的とする。その意味で、前節すなわち浅田（2001a）の補遺でもある。本講座「古典講読」では、1年次から採ってきた、「古典文法（特に活用表）の記憶を強制しない」という方針を踏襲しているので、受講生の大半は文法や古語の知識が十全でなく、「全く覚えていない」という状態から履修が始まった生徒も多い。その生徒たちが、グループで協力しながら、それぞれに力作を作り上げている。その作品の検討を通して、特に古文への言語感覚に関する予備的考察を行いたい[1)]。

ただし、ここまでに繰り返し述べた、「正確な文語作文」を意図するものではないという点は、あくまで学習指導において生徒に強要しないという意味であり、すなわち学年末の評定などでは考慮事項にしないという意味である。だが全く古文らしくない文章であれば、高校生にわざわざ創作させる意味はない。例えば生徒から質問が出れば、より古文らしく表現できるよう応答することになる。本節では、そうした創作活動の結果を検討するのであり、従って文法をはじめとする表現面の検討が中心になる。

2　実践以前の使用教材

授業では、これまでに前述の教科書に掲載されている『宇治拾遺物語』と『今昔物語集』の説話のみを教材として使用しており、他の教材は一切使用していない。同教科書では『宇治拾遺物語』『今昔物語集』ともに、新潮社『日本古典集成』に基づいており、扱った教材は以下の８話である。毎回、まず音読ののち生徒が話の全体を大雑把に捉え、その後に人物の行動と心理に注意しつつ、解釈と鑑賞を行っていくという授業展開で通しており、全てじっくり読んである。

①宇治拾遺物語

・第四　伴大納言のこと

・第一七　修行者、百鬼夜行に会ふこと

・第二八　袴垂、保昌に会ふこと

・第三八　絵仏師良秀、家の焼くるを見て喜ぶこと

・第一一一　歌詠みて罪を免るること

・第一九八　後の千金のこと

②今昔物語集

・巻二十四の第五　百済川成、飛騨の工と挑みたること

・巻三十の第九　信濃の国の姨母捨山のこと

また、特に初期の頃は文語文法の復習をある程度行いながら授業を進める必要があり、用言と助動詞のあらましはごく簡単に復習した。接続についても説明はしてあるが、覚えさせてはいない。また、教材文中で、本講座で初めて扱う助動詞が出てくるたびに、教科書末尾の助動詞活用表で意味用法を確認し、印を付けさせておいた。教材が中古末〜中世初期の説話ばかりなので、多少の偏りは否めないが、る・らる・す・さす・しむ・ず・き・けり・つ・ぬ・たり・り・む・むず・らむ・べし・めり・まじ・なり（断定）・なり（伝聞推定）・ごとし、以上の助動詞は全て意味用法を確認している。

3　各班の作品とその検討

各班の「a　作品」、「b　班の構成と短評」、「c　文章の検討」の順で記述する。

〈第１班〉

a　作品

焼豚与ふること

今は昔、唐そばの商いを業となす家ありけり。その名も室田飯店とぞ言ひける。はかばかしき母と、世に並びなき業を持ちしかれども酒にとりつかれし父あり。また、うるはしき三姉妹ゐたり。

三女、かねてより病に伏す。一日、三女いたく病みて死に入る。まさに死なむとする時「うまき焼豚食らいつきたし」と息も絶え絶えに言ひける。

父母、あはれいとほしとぞ思いて言ひける。「我が子がために豚を買ひなむ。」しかれども、父、酒に酔ひて全ての家の金の入りし袋を肥え溜めに捨ててけり。そがため、長女怒りに狂ひて家より出づ。次女、家庭崩壊を憂へて、己の退学もかへりみず筑坂の豚を盗みに行きけり。

丑の刻になりて、次女、筑坂へ忍び込む。豚をやうやうの思ひにて捕ふるが、学び舎の長に見つかりけり。「こは何者ぞ。」「唐そば売りに候ふ。」「いかなる者ぞ。」「自称あひどるとなむ言はれ候ふ。」「何せむとて来ける。」「妹のために豚を盗みに参りたり」「さ言ふ家ありと聞くぞ。危ふげに希有のやつかな。」と言ひて「共にまうで来。」とばかり言ひかけて、次女を鶏舎へ率て行きけり。しかるあひだ、次女、皆がら明かす。校長、「げにさることなり。されば事の果てよりも努めし事こそ讃へらるる。」と泣きつつ言ひて、豚のかはりに、にわとりを一羽なん与ふる。

「いみじき人かな」と思ひて帰らむとするに、正門にて長女見つけたり。彼の者、両脇ににわとりを抱きてをり。さらに、両肩にも乗せてけり。「流石、我が姉なり。」その者ども、家に帰りつきぬ。

父母、姉妹の所業に喜びて、母、「これを豚として、この上なひ焼豚そばをつくらん」と言ひ、父、あらん限りの技をもちてこれをつくりなむ。かくて、皆で三女に与えけり。三女、「やや、味、異ならんや。」と言ふ。父、あわてふためき「こ、これは瑞西産なるべし。」とぞ、言ひける。かくて三女、企みの通りにたばかられ、家庭崩壊は免がるる。

この世には「良き嘘」もあるなり。

b　班の構成と短評

第１班は３年生で、女子のみ６名の班である。自分たちを家族に見立てて人物設定をし（この役割で、発表時にラジオドラマ風の朗読を行った）、舞台として本校を登場させ、聞く側も身近に感じるような話を作った。班員がみな仲の良い友人同士で、授業に対する関心も高い生徒たちであった。そのため、創作の当初から楽しそうに取り組んでおり、終始笑いの絶えなかった班であり、生き生きとした作品が出来上がった。

c　文章の検討

①文法

第１班は、文法面でかなり古文らしさを追求している。

助動詞としては、る・らる・き・けり・つ・ぬ・たり・む（ん）・べし・なり（断定）の10種を積極的に使用し、特に助動詞の複合した形式である「てけり」や「なむ」などもうまく使用している。「なむ」の簡単な識別法について授業で触れたが、それを活かして「死なむ」と「買ひなむ」「つくりなむ」の双方を用いている点などは、高度な創作であると言える。「異ならんや。」という、漢文訓読調の慣用表現も、疑問の終助詞「や」を正しく伴って表現されている。１か所、「持ちしかれども」という表現は、「き」の已然形「しか」を用いて「持ちしかども」とすべきところであるが、「しかれども」という慣用表現の干渉があったものと思われる。

係り結びについては、特に必要のないところに用いていたり、逆に話の結末付近で用いないなどのアンバランスはあるが、「室田飯店とぞ言ひける。」「一羽なん与ふる。」などの表現は正しいものであり、また、「何せむとて来ける。」という疑問副詞の係り結びが正しく書けている点は注目すべきである。この疑問副詞の係り結びについては、授業では特別な指導はしていないが、過去に学んだ教材で接した経験を記憶している生徒がいたものと思われる。その一方、「とぞ思いて言ひける。」のような、表記上のミスが伴われているものもあった。

用言の活用については、助動詞等の接続と深く関係する。だが、接続を調べて語形を決定していくよりも、感覚的に接続させていたのが実態である。つまり、古文に対する言語感覚ないし「慣れ」が文語作文の原動力になったと言える。この点は各班とも共通で、接続についての特別な質問は受けなかった。

「この上なひ焼豚そば」「家庭崩壊は免るる。」などの活用語尾に関する誤りはあるが、全体的にはそれまでの学習経験が生きていると思われる。

助詞については、特段の工夫は見られない。むしろ、「焼豚与ふること」における「を」の脱落や、「うまき焼豚食らいつきたし」における「に」の脱落など、助詞の省略を意識しすぎたと思われる誤りが目立った。

②語彙

第1班は古語辞典と国語便覧の他、学習参考書の古文単語集を併用していた。そのため、語彙面でも工夫を行っている。「はかばかし」「いたく」「あはれ」「いとほし」「皆がら」などは、多少用法に強引なところもあるが、積極的に用いている語であると言える。

③説話の特徴と本文の利用

特に第1班については、教科書で学んだ教材文の直接的な利用が行われている。まず、

「こは何者ぞ。」「唐そば売りに候ふ。」「いかなる者ぞ。」「自称あひどるとなむ言はれ候ふ。」「何せむとて来ける。」

と、このあとの、

「さ言ふ家ありと聞くぞ。危ふげに希有のやつかな。」と言ひて「共にまうで来。」とばかり言ひかけて、

の2か所は、『宇治拾遺物語』の「第二八　袴垂、保昌に会ふこと」の中にある会話文のパロディである。また、「げにさることなり。」という会話文も、『今昔物語集』の「巻二十四の第五　百済川成、飛騨の工と挑みたること」の中にある言葉である。また、「しかるあひだ」や「いみじき～かな。」も、教科書で数回出てきた表現である。こうした表現の利用が、出来上がった作品の面白味に貢献しているとともに、班員がみなこういう表現の模倣を楽しんでおり、実に楽しそうに作業を行っていた。

「今は昔」で始まり、語り手の一言で結ぶパターンも、説話教材をよく踏襲していると言える。

〈第2班〉

a　作品

　　ドラえもん

　今は昔、22世紀の街にドラえもんといふ、猫型からくり人形ありけり。ドラ焼きを好みて、耳なき猫なり。丸きこと限りなし。

　ある時、せわし君曰はく、

「我のつらきは、のび太ありけるが故なり。」

　ドラえもんは、せわし君がため、先祖なる、のび太の未来を変えむとし、20世紀に住む、のび太の所へ、時空移動機にて行きけり。

　20世紀に着きてみると、そこにてのび太、苛まるる。それ、のび太たることに気付きたり。ドラえもん、童べどもに近づきて、のび太を助けたく思ひて『空気鉄砲』なる道具を差し出しけり。さて2人、初めて会いたり。ドラえもんの道具にて助けられたるのび太、

「汝は誰そ。」

と、問うに、

「我、ドラえもん。」

と、答ふると、のび太曰はく、

「助けなむと頼みたることなし、帰れ。」

と、言ひければ、ドラえもん、のび太がもとへ不思議なる箱を置きて、22世紀に帰りけり。

　のび太、ドラえもんが帰りにける後も苛まれけり。ドラえもんを追ひ返したること悔みたり。しかれどもドラえもん帰り来たらず。さて、のび太、ドラえもんが置きて帰りたる箱を開きたり。その中に入りたる汁を余さず飲みてけり。しかれば、のび太の姿変りて、強くなりけり。その姿スーパーサイヤ人のごとし。さて強くなりけるのび太、自ら22世紀に行きけり。しかれども、のび太、ドラえもんを見つけられず。しかれどものび太とドラえもん、愛の力で逢ひにけり。さて2人、20世紀に帰りし後、仲良く暮らしけるとなむ語り伝へたるとや

――必ずつひに愛勝つなり!!

b　班の構成と短評

第2班は3年生で、男子3名・女子3名の班である。漫画「ドラえもん」の登場の話を文語化した。ただし内容は原作を端折っただけと言ってもよく、「説話を作る」という点で独自性に欠けていた。発表時に紙芝居風の絵を併用したが、その絵も全て原作の引き写しであった。この班は、男子2名と女子1名が授業に対し消極的で、更に残りの男子1名が集団に対し融和的でなかった。この点は、結果としての作品の出来に影響したと言える。ただしこの班には大学の一般受験に古典を使う生徒がいたため、訳出に際してはある程度の工夫も見られた。

c　文章の検討

①文法

使用されている助動詞は、る・らる・き・けり・つ・ぬ・たり・ごとし、の8種で、他班より少ない。そのうち、「つ」「ぬ」は、「にけり」「てけり」の形式で用いられており、単独ではない。しかし、「にけり」「てけり」は、教科書教材の中で何度も出てきた表現であり、それだけ慣れていて使いやすかったものと思われる。助動詞自体に関しては、特に目立つ誤りはない。

係り結びは使われていない。唯一、「となむ語り伝へたるとや」があるが、これは『今昔物語集』の結びの型の踏襲であり、係り結びは意識されていないと思われる。

用言の活用については、全体的には大きな問題はないが、「変えむ」「会いたり」「問うに」といった誤りがやや目立つ。第1班と同様、自分たちの古文に対する言語感覚を用いて活用させていたものと思われるが、現代仮名遣いのままになってしまっているのが残念である。一方、「我のつらきは、のび太ありけるが故なり。」に2か所見られる「連体形+助詞」の用法は、ごく普通の表現だが、教科書教材の中には見本になる表現が少なく、自分たちで工夫した箇所と思われる。

助詞については「汝は誰そ」の終助詞「そ」と、「助けなむ」の終助詞「なむ」が目立つが、前者は筆者が授業中の質問に対し、中学校の教科書にある『平家物語』「敦盛最期」の中の表現を引き、それを使うとよいと説明したものである。後者は、やはり質問をされたが、授業のノートや文法書で付属語を探すよう促し、表現自体は教えなかったもので、うまく工夫されることとなった。

②語彙

「いじめる」の古語訳を質問されて、筆者が「苛む（さいなむ）」を教えたが、これ以外に古語らしい言葉は全く使われていない。古語を使うこと自体は強く要求していなかったが、もう少し調べてほしいところであった。なお、「ロボット」を「からくり人形」と訳したり、「タイムマシン」を「時空移動機」と訳す工夫もしている。

③説話の特徴と本文の利用

「今は昔」に始まり、「となむ語り伝へたるとや」で終わる説話のパターンは踏襲されている。しかもその後に語り手の一言を入れることまで行っている。これ以外は、全て原作を縮めた内容であり、教科書の文章の直接的な利用等も、特には行っていない。

〈第３班〉

ａ　作品

俊造ときつね

今は昔、あるところに俊造といふ男ありけり。この男いといたく仕事に励む男なり。さるべき年になり、妻得てしがなと思ふ。されど、家いみじう貧しかりけり。

今日も、わづかばかり採れたる大根を持ちて市へ行かむとす。ときしもあれ、悲しげなる声すなり。見れば、弱々しききつねありけり。

「いかにやいかに。」

と、問へば、

「飢ゑて死なんとす。大根総てめぐみたまへ。」

と、言ひけり。

いと大切なる大根なり。俊造思い煩ひけり。

（いかがせむ。さりとも総てはうし。されどうしろめたし。）

「さてしもあらねば、与へむ。」

心よき俊造、総ての大根をなむ与へてける。

「ありがたし。この御恩忘るまじ。」

と、きつね言ふと時同じくして大根と共にぞ消える。
「きつねにたばかられけるや」
と俊造あやしき心もちにて帰りけり。
またのあした、俊造畑に行きて見ればきらきらと光るものありけり。近づきて見れば黄金の大根こそ生えたりけれ。俊造おどろきけり。されば今年の年貢に持ちていきけり。殿いとおどろきたりけり。
「この男こそ、娘の夫にすべき人なり。」
かくて俊造、姫とあひにけり。
めでたしめでたし。

b　班の構成と短評

第3班も3年生で、女子のみ5名の班である。飢えた狐に大根を与えて救った貧しい男が、狐の恩により黄金の大根を手に入れるという、一種の因果応報譚を作成した。長さは短かったが日本の昔話らしい趣があり、千代紙で作成した美しい挿し絵も付けた。この班員たちは比較的古典が苦手で、特に文法的な知識は、4月当初ほとんど抜け落ちていた。その生徒たちが、大変説話らしい作品を作ったことには感心させられた。

c　文章の検討

①文法

使用されている助動詞は、る・む（ん）・ず・けり・つ・ぬ・たり・まじ・なり（断定）・なり（伝聞推定）の10種だが、第2班と同様、「つ」は「てけり」、「ぬ」は「にけり」の形で用いられており、単独ではない。「貧しかりけり」「おどろきたりけり」といった、複合させた用い方もあり、古文に慣れてきている（古文に対する言語感覚が養われてきている）ことが窺える。

係り結びについては、「大根をなむ与へてける。」と「大根と共にぞ消える。」の2か所だが、後者の「消える」は「消ゆる」の誤りである。一方前者は、「てけり」の「けり」を正しく活用させており、助動詞が複合されても誤りを生じていない。

用言の活用については、大きな問題はない。「消える」と「思い煩ひ」は誤りだが、その一方で、ワ行動詞「飢う」の連用形や、助動詞「なり」に接続するサ変動詞「す」の終止形、更には「いみじう」という音便形の使用や、「悲しげなる」という形容詞の形容動詞化された形など、古文らしい語形が正しく用いられている。

助詞については、「てしがな」の使用に注目すべきである。これは班員の、「嫁がほしい」とは古文でどう言うかという質問に対し、筆者が「妻をもらいたい」と言い換えた上で、「〜したい」の意味に当たる付属語を探すよう促したものである。しかし「得てしがな」という訳に至ったのは班員の発想であり、教科書教材にも真似のできる部分はなかった。

②語彙

単語レベルで言えば、「いと」「いたし」「うし」「うしろめたし」「たばかる」「あふ」などの古文特有の語や古今異義語が、随所に用いられており、教科書や辞書を参考にして古文らしくした跡が見て取れる。また、辞書を活用して慣用表現を多く見つけ出し、「ときしもあれ」「いかにやいかに」「さてしもあらねば」などを用いている点も、古文らしい表現を作り出すのに貢献している。なお、「さるべき」は教科書で頻出した表現であり、これも有効に取り込んでいる。

③説話の特徴と本文の利用

全体を因果応報譚に仕立てたところが、まず説話らしい点である。これは幼い頃から親しんでいるお伽話のパターンを持ち込んでいることは明らかで、その意味で、授業とは別の説話のパターンを用いていると言える。(授業では、このような「めでたし」で終わる話は扱っていない。) その他表現面で、直接に教科書教材を利用した特徴的な箇所は見られないが、上記の諸要素により、全体に説話らしい雰囲気を作り出すことに成功している。

〈第4班〉

a　作品

白雪姫[2)]

今は昔、ある国に白雪といふいとうつくしき姫ありけり。姫、母にいと愛でられ、数多の保険金かけられけり。

しかるに、母死にてけり。ややありて、新たなる母きたり。名をばAとなむ言ひける。その母、国の守なる人の御前にては化け、たばかりけるが、白雪姫をば、むげにあつかひけり。A、「我いとをかし。」と覚えければ、うつくしき白雪姫をねたましと思ふ。

ある日、A、白雪姫にいと数多の保険金かけられたるを知れば、白雪姫死にてければ我世に並びなくうるはしき者になり、いと数多の保険金得らると覚えければ殺さむとあらましけり。A、森に住む二三尺なる人B男に「白雪姫殺せよ」と命を下しけり。A、白雪姫に、森に住むB男のところへ、つかひせよと言ひけり。B男、初めは殺さむと覚えけれども、やうやうあはれになりゆく。B男、しばらく我が家にかくまはむと覚え、Aに命を下されけることを自ら告げ、しばらく我が家に身を置き給へと言ひけり。

白雪姫死にけるといふ話をおほかた聞かざれば、A、あやしと思ひ、森にうかがひに行きけり。思ひかけず、白雪姫なむ世にありける。怒りけるA、次は必ず殺さむと思ひ、毒を食はすることしけり。ある日、異国の者に化けしA、毒を持ちてB男の家に行きけり。

「や、うつくしき姫。この飯を奉れ。」

「あな、希有の飯かな。」

白雪姫、味うるはしきやうにて食ひてけり。つたなきことに飯を食ひける白雪姫、亡くなりてけり。

その後、A、いと数多の保険金得ければ、あやしと覚えたる国の守なる人、事件の真実をうかがひ、Aにいと熱き鉄の履き物履かせ、追ひけり。めでたしめでたし。

さてその事件をば、それよりなむ白雪姫事件となむ語り伝へたるとや。

b　班の構成と短評

第４班は２年生女子５名の作品だが、作品の完成度はかなり高い。前節[1]でも述べた通り、白雪姫が、彼女にかけられた保険金を狙う継母から毒入りの食事を食べさせられ、犯人である継母は逮捕されるが、白雪姫は生き返らない、という話である。語彙・文法ともよく練られており、挿し絵も精巧で、発表時の聞き手の反応が最も良かったものである。

c　文章の検討

①文法

使用されている助動詞は、る・らる・す・き・けり・つ・たり・む・ず・なり（断定）の10種。やはり「つ」は「てけり」の形で用いられており、単独ではない。「き」（本文中では連体形で「し」）が１か所しかないのに対し、「けり」は24か所も用いられているが、体験回想と非体験回想の区別をしているとは思えない。

係り結びは３か所用いられている。「名をばＡ子となむ言ひける。」「白雪姫なむ世にありける。」、そして末尾の「それよりなむ白雪姫事件となむ語り伝へたるとや。」だが、ここは「なむ」が２回ある誤りである。

用言の活用については、この班も大きな問題はない。特別に目立つ語形はないが、第１班とほぼ同じ長さの作品の中に活用の誤りがなく、よく書けている。作業中に接続を入念に調べているような様子もなく、やはり古文に対する言語感覚が功を奏しているようである。

助詞については、目立つのが「をば」の使用であり、３か所で見られる。格助詞「を」を強調する係助詞の「は」が濁った形であるが、他班には見られない特徴である。「をば」は授業では何度か扱っているが、直接的には、本単元に入る直前の教材であった『今昔物語集』「巻三十の第九　信濃の国の姨母捨山のこと」の最終段落冒頭「さて、その山をば、それよりなむ姨母捨山と言ひける。」の影響と思われる。

②語彙

全体的に古語は少な目だが、「いと」「愛づ」「たばかる」「むげに」「をかし」「やうやう」「おほかた」などの語を随所に用いており、古文らしくしようという意図は見える。特に、「計画する」を「あらます」、「お召し上がり下さい」を「奉れ」と訳すなどは、辞書や前年度の学習経験の活用である。なお、「私はとても美しい。」を「我いとをかし。」と訳しているおり、誤りだが、これも辞書を活用して工夫した結果である。

③説話の特徴と本文の利用

因果応報譚を逆手に取って、主人公が生き返らない話にしているが、一種の勧善懲悪譚に仕上がっており、その意味では説話のパターンにはかなっている。

教科書教材を直接に利用したと思われる表現はないが、会話文の表現の「や、うつくしき姫。」や「あな、希有の飯かな。」に、これまでの学習経験が見て取れる。

4　まとめ

以上のように、文語文の創作を通して、生徒がこれまで学習経験を生かしながら、中でも既習の古文教材を部分的に利用しつつ訳していく様子が見えてきた。各班とも、文法的な規則を意識する以上に、教材文の模倣や感覚的な理解によって訳している面が強いと思われるのは、既に見た通りである。すなわち、古文に対する言語感覚が、理解や表現を支えているということである。

ところで、この「古文に対する言語感覚」は、本実践の中では「古文への慣れ」として表れている。「言語感覚」をそのまま「慣れ」とは言い換えられないが、しかし「言語感覚」の一端が「慣れ」という言葉で言い表される能力であることは明らかであろう。そしてこれは、古典の読みの学習場面における学習者の心理の解明にも、その「慣れ」の様子を分析していく必要があるということに繋がってくる。

本節は、文語文の説話を創作するという作業の流れの中で、筆者が生徒に対して行った観察に基づいている。今後は客観的なデータを採って分析を行っていく必要があるのは言うまでもない。従来、「慣れれば読み書きできるのは当たり前」だと言われがちだが、その「当たり前」の様子は学問的には実証されていない。より正確な実証のためには、データに基づく分析が不可欠であり、この検討はそのための予備的考察としたい。

〔注〕

1）「言語感覚」の定義については、浅田（1992a）を参照。

2）初出の浅田（2001b）では生徒作品の全文をほぼそのまま掲載していたが、本書に転載するにあたっては、作中に今日では不適切な表現が見られたため、当時の生徒と連絡を取った上で、名詞等を変更した。ただし、分析結果には関係していない。

3 創作古文のプレゼンテーション
――配付資料と発表プロットを書くことを重視して――

「プレゼンテーション」には、準備段階での「書くこと」が欠かせない。発表全体を意識して書く作業を多くすることにより、プレゼンテーションを円滑にする工夫は重要である。本節では、その工夫を導入した単元例を報告する。

1　単元の概要

筆者は数年来、古典における表現活動を積極的に実践しており、今回は、グループで文語作文を行い、その作品をプレゼンテーションする単元を組んだ。単元の目標として、①プレゼンテーションの技法に習熟すること、②古語訳を通して言語感覚を錬磨すること、の2つを設定した。

対象は、筑波大学附属坂戸高等学校の平成14年度2・3年次生講座「古典講読」選択者22名（男子1名、女子21名）。当時の勤務校の状況および選択科目「古典講読」については本章 1 および 2 で述べたので省略する。この年の「古典講読」は、女子6名が2年次生であった。時期は9月から10月にかけて5回（計10時間）実施した。4月から9月まで教科書（明治書院『古典講読 物語・評論』）で「伊勢物語」と「大和物語」を扱ってきた。そこで、歌物語からの発展学習として「歌物語の創作」を計画し、次のような指示プリント（抜粋）を出した。

単元「『筑坂歌物語集』を作ろう！」

「伊勢物語」「大和物語」を参考にグループで古文の歌物語を作り、プレゼンテーションをして下さい。

手順

1　現代語で物語を作る。

昔風のものでも現代風のものでもかまいません。

2　古文訳

教科書等でこれまで見てきた古文の文章と、古語辞典や文法書を参考に、協力して訳を作る。
3　視覚資料の作成
パワーポイント、実物提示装置、模造紙など、何らかの形で視覚資料を作成する。
4　発表プロットの作成
1班あたり8分程度を目途に、発表のプロット（計画）を立て、文章化する。
5　発表台本の作成
実際に話す内容を、1～4に基づいて原稿化。
6　わかりやすくプレゼンテーション！

そして全体を6班（1～4班は3年生、5・6班は2年生）に分け、9～10月に4回、計8時間を使って準備（授業者は各班に助言して廻る）し、10月の第2回目に、1時間はリハーサル、もう1時間で本番、という進行になった。

準備に当たり、書いて提出するものを4つ指示した。①現代語の物語、②配付資料（古語訳を含む）、③発表プロット、④発表台本、である。本稿では②と③を中心に紹介する。（相互評価や事後の感想も書かせたが、割愛する。）

2　作品概要と配付資料の例

まず作品の概要を簡単に紹介する。第1班は「The Love Story」。勤務校の同僚教員を主人公にしたフィクションである。第2班は「浮気女」。女が邦人男性と米人男性に二股をかける話で、メール等の現代風俗を取り込んでいる。第3班は「翁柿物語」。翁が、嫗の死後に悲しんで植えた柿が実り、それを食べたあと翁も死んでいく話で、人形劇に仕立てた。第4班は「シンデレラ」。シンデレラ童話を平安朝の宮中に置き換えた改作で、これも人形劇。第5班は「桃と筍物語」。桃太郎とかぐや姫が同じ家の翁・嫗に拾われ、別の悪い嫗にだまされて殺されそうになりながらも、力を合わせてこれを撃退し、4人で幸せに暮らす話で、小さな紙芝居を実物提示装置で示した。第6班は「のっぺらぼうの話」。ハーンの『怪談』の歌物語化である。1・2・6班はプレゼンテーションソフトを用いて発表した。

ここでは、第3班の配付資料を紹介する。

「翁柿物語」

昔、夫婦ありけり。年月限りなく思ひて住みけるを、嫗もの病みになりて、師走ばかりに死にければ、いみじうかなしくて庭に柿の木を植ゑたり。

春になりて芽吹きければ、嫗のごとくおぼえつつねんごろに育てけり。ある夜、嵐来たり。つとめて翁惑ひつつ木によりて見るに枝折れにけり。翁あわて急ぎ、すなはち枝をそへ、布をば巻きたるところ立ち直りけり。それより後、同じやうなること度重なるに、ねんごろにいたはりて柿なむやうやう生ひ立ちにける。

長月の楓の葉色づきたるほどに例の柿をば見に行きけるに、いと紅なる柿あまたなりけり。翁、あはれにおぼえければ、かく詠みたりける。

秋深し　柿の匂ひぞ　ながむれば　年月過ぎぬ　人を想ひて

かくして翁、はかなき心地にわずらひて、その冬、先立ちたる嫗の方へ、ともし火などの消え入るやうにて果てにけり。

☆創作のポイント☆

・歌の下の句を倒置にして主人公の心情を強調した。

・「柿**なむ**やうやう生ひ立ちに**ける**」は強意。

・直接「紅葉」と書かずに「楓の葉色づきたる」として、秋を表す表現を工夫した。

・最後は「死にけり」ではなく「果てにけり」として婉曲的に表現した。

☆重要単語☆

・ねんごろなり（丁寧に、手厚い）・つとめて（早朝、翌朝）・匂ひ（美しい色つや）・はかなき心地（ちょっとした病気）・果つ（死ぬ）

☆班員の一言☆

・時間が足りなくなって大変だった。現代文から古文に訳すのはなかなか難しかった。（S）・現代語で歌の意味を考えるのは簡単だったけど、古語に訳すのは大変だった。（N）・視覚資料作りが大変だった。（U）・古文は現代文よりも簡潔な表現であることで、想像力が刺激されてより深く自分なりに読むことができるものだという事を改めて強く感じた。（O）・古文は全く馴染

みの薄いものだったので、訳すのはとても苦労したが、古文が出来た時とても嬉しかった。(K)

ここに挙がっている「創作のポイント」と「重要単語」は、工夫点や調査項目を明示する目的で書く指示をした項目である。「班員の一言」は口頭のみでもよいとしたものだが、どの班も書いた。特にOという生徒の一言は、この単元の目標にかなったもので、好ましいと言える。

3　発表プロットの例

次に、第5班の発表プロットを挙げてみたい。2年生3名が先輩に負けじと懸命に作成したものである。

第5班　　　班長：M・A　班員：N・O、M・I

☆始まりのあいさつと発表内容の紹介（1分）
- ・最初のあいさつをして、班員の紹介をする。
- ・「第5班は、いろんな昔話やおとぎ話、童話などを混ぜ合わせて作った話を発表する」ということを述べる。
- ・(M・Aが司会進行を担当する。)
- ・(OHPには班員の紹介と物語の表紙を映し出す)
- ・(M・IがOHPを担当する。)

☆古文の朗読（3分）
- ・朗読しながら、OHPに紙芝居を映し出す。
- ・合わせて配付資料を見てもらう。
- ・(N・Oが朗読を担当する。)

☆古文の説明（3分）
- ・それぞれの場面の紙芝居と、古文とその訳を対照させる。
- ・文法や訳し方の工夫点を詳しく説明していく（わかりにくい場合は、別紙にまとめておく。)

☆歌の説明（1分）
- ・古文と訳を対照させる。

・（ＯＨＰには歌を映し出す。）

・どんな想いが込められているのか詳しく説明する。

☆まとめ

・発表資料の「感想」に軽く触れ、質問を募る。

・（Ｍ・Ａが司会進行を担当する。）

・（ＯＨＰには終了のイメージの絵を映し出す。）

これは配付資料に含めず、発表後に提出するものである。手順と時間配分を書けという指示に従って作ったものであり、簡にして要を得ている。プレゼンテーションでは、「手順が悪くて発表が下手だった」ということがよく起きる。このプロットはそれを防ぐための計画の言語化で、これが功を奏し、事後の相互評価でもこの班は非常に好評だった。

4　おわりに

「話すこと・聞くこと」の実践は平成30年版学習指導要領の実施に伴って更にその重要度が増してくるが、「書くこと」「読むこと」との関連付けももちろん重要である。国語科なればこそ、「読むこと」に関わる内容を、「書くこと」を基盤にしてプレゼンテーションさせていく工夫が必要であろう。

［補説］

古典を題材にしたプレゼンテーションの実践については、浅田孝紀（2010a）で、2001（平成13）年度の同校「古典講読」における、１年間を通した大がかりな単元学習について述べた。これは筆者の代表的な実践の１つであるが、本書では割愛する。

4　「言語文化」への認識を深める
――漱石『こころ』の授業における「言語活動」を通して――

はじめに

平成11年版の高等学校学習指導要領において、国語科では「言語活動」の例が示され、平成21年版の学習指導要領では、これがより具体的なものにされた。また、「国語総合」においては〔言語事項〕が〔伝統的な言語文化と国語の特質に関する事項〕に改められた。総じて、「言語活動の充実」と「言語文化に関する指導の重視」であり、これは平成30年版にも反映されている。

筆者は、基本的にこの方向性については賛意を持つ者であり、本節もこの方向性の実現のために工夫したことの一端を報告することを目的とする。

ところで、本書の中ではここまで取り立てて述べてはこなかったことであるが、上記の２点が法令の一形式としての告示である学習指導要領において、すなわち法的拘束力をもって提示されていることに関しては、実は若干の疑問も感じている。ここではまずその点に関する筆者の問題意識を示した上で、しかる後に実践報告に移る構成を採る。実践報告は、高校２年生の現代文のいわゆる定番教材である『こころ』を用いた、東京学芸大学附属高等学校での平成22（2010）年度の授業における、「言語文化」についてのグループ学習活動についてのものである。

1 「言語活動」について

法令においては、しばしば用語が定義づけなしに用いられ、結果、法解釈の必要が生じる場合がある。「言語文化」も「言語活動」も、現状では文部科学省による「解説」はされていても、「定義づけ」がなされているとは言い難く、いわば社会通念に近い形での感覚的な用い方になっている点は否めない。少なくとも、国語教育学上の学説がどこまで検討され反映されたのかは、筆者には知り得ない。

「言語活動」については、次の湊吉正（1987）が基本文献である。湊（1987）は、言語の全体を１つの未分化的全体として捉えた場合の相に「言語」という名を与え、

> 次に、われわれが言語をまず感覚的、知覚的にとらえてそこからあらゆる言語把握、言語研究へと至るような言語の相、すなわち「言語活動」が立てられる。言語活動の具体的形態としては、「話す」「聞く」「書く」「読む」の一般的言語活動に属する四形態と「内的言語活動」を合わせた五形態があげられることになる。

と述べている。そして「言語活動」を、「特定の主体が、社会生活・精神生活の場の中で言語記号を操作・使用すること」と説明する。更に「言語記号」を「個人としての言語活動の主体が身につけた言語の体系的なもの、すなわち『個人言語体系』の中に蓄積されているもの」とし、その個人を特定の言語共同体を構成する一員として位置づけた上で、

> その言語共同体が全体として共有している言語の体系的なもの、すなわち「社会言語体系」において、「言語体系」はその十全な典型的な形態を自己実現させることになる。

とする。そしてソシュールの用語の小林英夫訳に関し、

> ソシュールの「ランガージュ」(langage—小林英夫訳「言語活動」)は、この「言語」に相当し、ソシュールの「ラング」(langue—小林英夫訳「言語」)は、この「社会言語体系」に相当し、ソシュールの「パロル」(parole—小林英夫訳「言」)は、この「言語活動」に相当するとみられる。
> (F. de Saussure、*Cours*、pp.23-39. 小林英夫訳『一般言語学講義』一九—三　四頁)

と補足している。小林訳を踏まえながら今日的に明快な訳語を提示しており、筆者もこれに基づいて考えている。すなわち、「言語活動」は根本的には「話す・聞く・書く・読む・内的言語活動」の５形態として考え、学習指導要領に示されているのはその具体相の例であると捉えている。

しかし学習指導要領には、「例えば，次のような言語活動を通して指導するものとする。」と書かれており、「ものとする」という表現は、義務として法的に拘束するという意味である。そしてこの言語活動例では、目に見える活動形態が要求されている。それならば、これは「言語活動」ではなく、「学習活動」あるいは「言語的学習活動」などと称するべきではないか。しかし、少なくとも学習指導要領の文面からは、こうした先行研究が検討された跡が見えない。いわば「条文」のようなものなので、これは当然ではあるのだが、しかしこれでは、優れた先人の研究成果が無駄にされかねないと危惧している。

しかも、教師の話をひたすら「聞く」とか、内的言語活動に没頭する沈思黙考という状態が、想定されているようにはあまり見えない。たしかに、最近の児童生徒は集中して話を聞く力が落ちているし、沈思黙考で学習が成立する状

態は、どんな学校でも少なくなっている。しかし筆者は、だからといって全ての高等学校に「言語活動」を法令によって義務化するのは、たとえそれが「例」であっても好ましいこととは言えないと考える。読み浸る、聞き浸る、考えあぐねる、といった学習者の姿にこそ、本来の学習の成立が見られるわけであり、活動していればよいというものではないのは、言を俟たない。

筆者も、浅田（2008a）において、時に工夫した講義を行うことを通して、話を聞く力を養うことの重要性を述べた。こうした「話す・聞く・書く・読む・内的言語活動」の5形態を基盤としてこその「言語活動」だという認識がなければ、見た目だけの活動に堕してしまう危険性すらある。本節では具体的な目に見える「言語活動」の実践を報告するのではあるが、その前提として、先行研究に見られる「言語活動」の理論的な内実を捉えておくべきであるという筆者の立場を明確にしておきたい。

2　「言語文化」について

「言語文化」という語も、その定義には諸説あるものである。ここではまず、平成21年版の『高等学校学習指導要領解説国語編』「国語科の目標」より引用する。

> 「言語文化」とは，我が国の歴史の中で創造され，継承されてきた文化的に高い価値をもつ言語そのもの，つまり文化としての言語，また，それらを実際の生活で使用することで形成されてきた文化的な言語生活，さらには，上代から現代までの各時代にわたって，表現，受容されてきた多様な言語芸術や芸能などを幅広く指している。従前，言語文化については高等学校の目標のみで示していた。今回の改訂では，小学校及び中学校において〔伝統的な言語文化と国語の特質に関する事項〕を設け，「伝統的な言語文化」についての理解を深めるようにしている。これを踏まえ，言語文化に対して広くかつ深い関心をもつことが，高等学校における目標となる。

「言語文化に関する指導の重視」という方針を立てる中で、「言語文化」の指すものの幅がかなり広いことが示されている。これは妥当である。筆者も、本書第一章[6]の初出になった浅田（2000a）で「言語文化」の概念を整理し、広義の言語文化と狭義の言語文化に分け、いずれも文化価値の認定がなされていることを前提とすると述べた。そして、その上で、「言語文化教育」という面を提示した。すなわち、「言語教育」の全体はいくつかの面（例えば「言語体系教育」とか「言語生活教育」といった面）から捉えることが可能であり、そこに「言語文化教育」という面を加えた上で、「すべての言語教育は言語文化教育である」という視座を設定することを提唱した。

このような視座の設定によって、どのような教材をいつの段階でどの程度の質・量で提供するのが適切かを長いスパンで見通すことがしやすくなり、特に遺産性の強い古典や文学の、不当な軽視や過度な重視を避けることができる。あるいは、「評論はこう扱う」「古典はこう扱う」といった固定化した単純な発想ではなく、あらゆる教材において言語文化の面（言語体系、言語生活等も同様）を見出すことに寄与できるのである。そしてこれは結果的に、学習指導要領の精神にかなうものにもなるであろう。例えば平成30年版学習指導要領では、「現代の国語」「論理国語」「国語表現」を含む全科目の「目標」に「我が国の言語文化の担い手としての自覚を持ち」という文言があり、どの科目においても言語文化的側面を見出すことの重要性に繋がっていると言える。

3　『こころ』の言語文化的側面に着目する

周知の通り、夏目漱石の『こころ』は、高校２年生の現代文の定番教材として、各社の教科書に定着している。そしてその扱いは、主として「下　先生と遺書」からある程度のまとまった部分（多くは、Ｋがお嬢さんへの恋を「先生」に告白したあたりから、Ｋが自殺したあたりまで）を摘出し、その前後のあらすじも加えて、「先生」の心情の変化やＫの自殺に至る経緯などを、表現に注目しながら読解し考察していく学習が想定されている。言語事項学習も当然伴われるが、この教材の「文学教材」としての性格上、言語面よりも内容面に強く傾斜した指導が行われることが多いと言ってよいであろう。

その一方、『こころ』の言語文化の面に焦点を当てた実践は、管見の限り報告されていない。もちろん、例えば町田守弘（1986）をはじめ、『こころ』の表現面にも注目させる実践は多い。しかし、『こころ』に対し言語文化と見て光を当てた実践は見当たらない。そこで今回は、この面を重視したグループ研究の実践を構想した。

特に本実践で言う「言語文化の面」とは、主に通時的な意味での言語の変化、およびその歴史的背景に重きを置いている。平成21年版の学習指導要領で言語文化の重視が打ち出されて以来、小・中学校の場合は、古典指導の重視や、生活文化の中での言葉に注目させる授業が多く試行されている。これに対し高等学校では、そもそも古典が科目として存在するため、どちらかといえば、現代文分野で古典や文化を題材とする評論や随想を扱うという類の、やや安易な方向へ行きやすい。そしてその背景には、教師側にも生徒側にも、「現代文」対「古典」という二項対立的な捉え方が根強いということがある。

特に教師側は、自然主義以後の小説に対しては古典のような言語抵抗を感じずに読める力があるため、『こころ』で用いられている表現にさほど違和感を感じない。現代文の教材本文に対しては、それが「舞姫」などの明治文語文でもない限り「伝統的な言語文化」は意識しないことが多いであろう。

一方、生徒側にとっても「古典」と「現代文」は別物という意識が強い。平安時代を基準にした古典文法と古語を学習している生徒にとって、これは無理からぬことである。しかしながら、生徒と教師の間には、感じ方の開きがある。『こころ』のような現在の文体にかなり近い作品であっても、用いられている語義や言い回しに違和感を覚える生徒は、本実践を行った平成22年度現在の勤務校である東京学芸大学附属高等学校のような比較的入学の難しい学校においても、かなりいるのである。例えば、生徒に書かせた初発の感想には、次のようなものが散見された。生徒の感想文から抄出する。

> 最近の作家と違う独特な言い回しは、これまでにないくらい自分を混乱させた。（A・S）
>
> 古い作品だけあって現代の大衆文学に読みなれている僕はすらすら読むことができず、途中でかなり立ち止まってしまう事が何度もあった。（Y・R）
>
> まず私がこころを読んで思ったのが、難しい言葉が多く話し口調も独特で読みづらいはずなのに、意外と物語がすっと頭に入ってきたということでした。（I・M）
>
> 言葉遣いとか語句が難しくて読むのが少し大変だったが、先生が罪の意

識を背負ったまま生きていたことが切なくて印象に残った。（K・S）

これは対象にした４クラスのうちの１クラスの感想からの抄出であるが、各クラスとも同様の感想がいくつも入っている。「言葉が難しくて大変だった。」という類もあれば、「言葉は難しいけどわかりやすかった。」という類もある。一方で、「古い作品なのに意外なほど読みやすかった。」という類もあるが、いずれにしても『こころ』の言葉に対し何らかの印象なり違和感なりを持った生徒が多いことがわかる。これは、例えば芥川の「羅生門」などでも同様の感想が出てくることがあり、総じて近代文学が、高校生にとって「古文」的に感じられるようになりつつあることを示している。

それならば、近代、特に明治・大正の文学作品を扱う際は、内容のみならず言葉にも着目する学習活動が考えられてよい。「現代文」対「古典」ではなく、「古典から現代文への流れ」の中に近代文学を位置づけて、両者を繋ぐ時期として捉えれば、古文よりは言語抵抗の少ない状態の中で言語の通時的変化を認識することができる。これこそが、近代の小説教材を用いて「伝統的な言語文化」について考えさせることの利点であろう。そう考えて、本実践を構想したのである。

4　実践の概要

『こころ』は全12時間、２年生４クラスで実施した。時期は平成22年度２学期後半のほぼ全部であるが、途中に修学旅行（勤務校では「学習旅行」と称している）を挟むため後半だけでは若干時間が足りず、中間考査の前に４時間程度行い、残りを考査後に行うという、やや変則的な予定となった。また、本実践の中には生徒がグループ研究の内容を発表する時間が１時間設定されている[1)]。ここではまず、生徒に配付したプリントの内容を掲げる。

２年E～H組現代文（浅田）

夏目漱石『こころ』について

これから２学期の終わりまで、漱石の『こころ』を扱っていきます。扱い方としては、大雑把に次の予定を考えています。

〈全12回〉

①初めの4回

オリエンテーションと教科書所収以前の部分、および教科書135ページまでの内容。

②途中の4回（テスト返し含む）

内容を一度中断し、6つのグループに分かれて割り当てられた課題に関し調査・検討し、発表する。言語面・文化面に重きを置く。

③終わりの4回

教科書136ページ以降の内容および全体のまとめ

〈②で扱う内容〉

1班：出版文化史の中での『こころ』

「出版される」という面に関連して、人々がどのような形でこの作品を享受してきたかを、実際の例を示しながらまとめる。

2班：訓読みの特徴

この時代の漢字には、今とはかなり違った読みが当てられている。これを、『こころ』全編を対象に、できれば他の作家の作品とも比較して、その特徴を考える。

3班：外来語の表記

明治期において、外来語や外国人の名前には、漢字を当てはめる努力がなされていた。『こころ』においてはそれがどうなっていて、現代にどの程度継承されているかを、実際に明治期に書かれたものも含めながら調べてみる。

4班：仮名遣いの特徴

単に「歴史的仮名遣い」で書かれていた、ということではなく、その仮名遣いには古文とも戦後の現代文とも異なる揺れがある。その実態を考えてみる。

5班：語彙使用の現代との相違

語句には、国語辞典には載っていても、今ではあまり使われていない意味用法が存在する。それをできるだけピックアップし、どのような意味で使われているか考察する。

6班：『坊っちゃん』と『こころ』の文体の違い

同じ漱石でも作品によって文体が異なる。今回はわかりやすい例として、彼の初期作品である『坊っちゃん』と比較し、どのような違いが文体の差異を作っているかを具体的にとらえてみたい。

これ以前に、文庫本等の『こころ』を1冊、全文読んでおくことを指示している。前節で抄出した生徒の感想文は、それを読んだ上での初発感想の一部である。もちろんここには、先のような言葉に関する感想以上に、内容に関する感想の方が多く書かれている。本来ならばその内容面の探究に関しても目新しい実践を行い、それを報告すべきであるが、今回はこの実践が始まる直前までが6週間にわたる教育実習期間で落ち着かず、また、全12回のうち概ね上記の①が終わったところで中間考査になり、②が終わると修学旅行になり、③が終わると期末考査になる、という予定であったため、少し落ち着いて授業に臨ませる場面も必要と考えた。そこで、①と③は「発問－応答」型の講義式授業を中心に行い、②のみグループ研究として調査・研究と発表を行わせた。

②で扱う内容について、以下にそのねらいを述べる。

『こころ』は大正3（1914）年に書かれた作品である。時代区分で言えば大正であるが、明治天皇の崩御が明治45（1912）年で、まだそこから2年しか経っていないこと、および作品の扱っている時期がほとんど明治期であること、更には漱石の事蹟などを考え合わせると、言文一致運動がほぼ完成段階になった明治末期の作品とほぼ同様の位置付けが可能である。すなわち、『こころ』を研究することにより、明治末期から大正初期にかけての言語的状況を見ることになり、これが「伝統的な言語文化」を考察する上で有益だと考えたのである。

先に①の2時間目の中で、明治・大正の文学史（小説）の流れを、言文一致運動と自然主義を中心に、大雑把に説明した。これはその後のグループ研究を進める上での最低限の知識になる。

1班は、「出版文化史の中での『こころ』」とした。この班だけは、『こころ』がどのように人々に享受されてきたかをたどる、いわゆる調べ学習である。ただし、『こころ』以降に絞るのではなく、それ以前にそもそも出版というものがどのように行われてきたかを近世から調べ、出版文化（これも言語文化の一環であると筆者は考えている）がいかに広まり、その中で『こころ』がどのように位置付けられるかを考察させ、他班の内容の理解にも寄与するものにしようという意図で設定している。

2班と3班は「表記」がテーマである。両班ともほぼ同様の課題だが、2班は主に和語、3班は外来語に絞って、その読み（あるいは漢字の当て方）の特徴を考察させた。和魂漢才から和魂洋才へ変わったとされる明治期においても、漢字・漢文の知識・教養は重視されており、現在では仮名書きが普通である言葉もかなりの部分が漢字で書かれていたし、外国の人名・地名、ならびに外来語には、漢字を当てはめる努力がなされていた。ただしこれは文章によって一律ではなく、個人の試行錯誤の面も強かった。その状況を調べることにより、漢字を中心とする表記の変化に着目させようとした課題である。これに関しては、正字（旧字体）で書かれているものを読む必要がある。また、漱石の別作品や、他作家の作品と比較しなければ特徴を見出しにくい。こうした作業を行わせる意図も含め設定した。

4班は、一見「仮名遣い」がテーマだが、実は「文法」も含まれている。単に歴史的仮名遣いを見るのではなく、変体仮名への着目から文法と仮名遣いの関連に目を向けさせようとして設定したものである。特にここではヤ行の「エ」（変体仮名では「𛀁」）が問題となる。新聞小説として連載されていた時、『こころ』には変体仮名「𛀁」が使われていた。特に動詞に関しては、この「𛀁」は使われているのに、ア行の「エ」は使われていない。つまり現在ア行動詞とされているものは、当時の文法ではヤ行扱いで、文語文法に支配されていた。ただし、変体仮名「𛀁」は時折ハ行の「へ」になるべき箇所にも出てくるという特徴があり、そこに仮名遣いの揺れが見られる。そこに着目させようとして設定した。

5班は「語彙」がテーマである。生徒は古文を学習する中で、いわゆる古今異義語に触れている。そしてそれを、「古文と現代文では意味が違う語」と捉えている。しかし、この語義の変化は不断に起きているものであることを実感させておきたい。そこで、この班には『こころ』および漱石の他作品（主として初期の『我が輩は猫である』『坊っちゃん』など）との比較も含め、今でも使われている語が、作品の文脈の中ではどのような意味になっているかを検討させた。この班には、課題の特質により、話し合う以上にひたすら読む作業が要求される。グループ研究でも読み浸りや沈思黙考があり得るという考えも筆者にはあり、設定した。

６班は「文体」がテーマである。この班については『坊っちゃん』との比較に絞った。話し言葉中心の作品である『坊っちゃん』と、書き言葉中心である『こころ』を、その特徴的な要素の数量的な比較を通して、実証的に研究させる意図である。例えば、形容詞の連用形に接続助詞「て」がついた「～くて」という表現は、促音便が入ると「～くって」になるが、後者は口語的な表現であり、『坊っちゃん』が『こころ』より口語的であるなら、これが多くの割合で出現するはずである。こうした文体への着目は作品の内容と一体の重要な要素であり、そこに目を向けることに意義があると考えて設定した。

なお、グループ研究にあたっては、４時間のうち３時間を図書室での調査・研究、最後の１時間を各班５分以内の発表として、Ｂ４で１枚の発表資料を作らせた。また、語句の検索をはじめ図書室にない情報を得やすくするため、各班に１台ずつノートパソコンを貸与し、そのデスクトップ上にはインターネット上からダウンロードした『こころ』本文のHTMLファイル２種類（ルビ付き新字・現代仮名遣いと、ルビなし正字・歴史的仮名遣い）を置いておき、さらにパソコン自体も本校の無線LANに接続させておき、検索の用に供した。さらに、検索結果や作成したデータなどを保存できるよう、勤務校のネットワークにある共有サーバーに各クラス・各班のフォルダを作成しておき、適宜利用できるようにしておいた。

5　実践の実際

①「初めの４回」について

１時間目はオリエンテーションとして、授業の説明の後、10分程度で『こころ』全編の感想をＢ６用紙１枚に簡単に書かせた。その後、グループ研究のための６班のグループ分け作業を行った。各グループの人数は、原則７名、多くても８名になるように指示し、生徒たち自身にグループを作らせたが、これは各クラス45名ずつが6つに分かれて研究する際、グループの人数に偏りが出ないようにするねらいと、図書室のテーブルが1台につき8名までしか座れないという、実際の事情による。クラスによって、グループを組んでから課題を配分したところと、課題ごとに希望者が集まるようにしたクラスがあるが、これも生徒たち自身に任せた。

2時間目は、35分程度を近代文学史の流れの説明に充てた。明治初期の状況から言文一致運動の概要、自然主義の台頭と、漱石・鷗外らいわゆる余裕派・高踏派の登場までを中心にし、その後の志賀直哉ら白樺派や、芥川龍之介ら新思潮派などについても簡単に述べた。ここで重視したのは、文学史の用語の修得ではなく、古文や漢文訓読体がそのまま残っていた明治初期から、坪内逍遙以来の言文一致体の試行錯誤、そして自然主義や漱石に至って現在の文体にかなり近くなってきたという、文体変化の流れについて理解し、グループ研究を行う上でのレディネスを形成しておくことにある。その後、教科書（三省堂『高等学校現代文［改訂版］』2007年3月検定済。この教科書には、「下　先生と遺書」の「四〇」から「四九」までの本文が掲載され、途中省略はない。）で本文以前のあらすじを確認し、「四〇」の第一段落（「ある日私は久しぶりに学校の図書館に……一種変な心持ちがしました。」）までを読み進めて終了した。以下、時折生徒に持参させている文庫本等の『こころ』を用いて、適宜注目すべき表現を参照させながら進めている。

3時間目は、その次の段落から「四二」の第三段落の終わり（「……狼がすきを見て羊ののど笛へ食らいつくように。」）まで。4時間目は、「四四」の第二段落の終わり（「……どうしても『今だ。』と思う好都合が出てきてくれないのです。私はいらいらしました。」）までで終了した。そのため、中間考査は「四三」までを範囲とすることとなった。

なお、ここまでの4クラスの進度は、クラスにより若干の前後は出たが、ほぼ同じペースで進んだ。方法は前述の通り「発問－応答」型の講義式授業であり、その内容は特筆すべきものではないので、ここでは措く。

②「途中の4回」について

ここが本実践の中心部分であり、5時間目から8時間目にあたる。うち、7時間目までが図書室でのグループ研究、8時間目が発表ということになる。

グループ研究にあたっては、⑴Ｂ４で１枚の資料を作成し、それを用いながら各班５分程度の発表をすること、⑵図書室の資料やパソコンは自由に用いて良いこと、⑶自分たちなりに方向性を決めてから調査にあたるべきであること、の３点を述べてから活動にあたらせた。また、本校国語科に所蔵している『こころ』『吾輩は猫である』『三四郎』の初版復刻本や、『坊っちゃん』の『ホトトギス』初出本文[2)]、『夏目漱石集―心（近代文学初出復刻）[3)]』も用い、これらをグループ研究中の資料として活用させた。机間巡視をしながら各班に助言を行ったが、その助言や発表の内容については後述する。

③「終わりの４回」について

９時間目は４時間目の続きから始まり、「四六」の終わり（「……卑怯な私はついに自分で自分をＫに説明するのが嫌になったのです。」）まで。10時間目は「四七」のはじめから「四八」第四段落の終わり（「……そうして私はがたがた震えだしたのです。」）まで。11時間目はその続きから「四九」の最後（「……しかしその顔には驚きと恐れが、彫りつけられたように、固く筋肉をつかんでいました。」）までである。

最後の12時間目には、作中に出てくる「襖」の象徴性について考えさせた後、Ｋの自殺の原因について意見を出させた。更に、複数の他社教科書から「その後のあらすじ」を切り貼りしたプリントや、やはり他社教科書や副教材にある『こころ』についての評論を読ませた上で、先生が自殺を決意した理由について考えておくよう指示し、授業を終えた。なお、Ｋの自殺の原因と、先生が自殺を決意した理由については、『こころ』本文やそれら資料などに基づいて自分の考えをまとめておくよう指示した。それらは予告した上で、期末考査に自分の見解を述べる論述問題として出題した。

④グループ研究・発表の内容について

「途中の４回」におけるグループ研究の進行および発表内容について述べる。４クラスとも、各班に対して課した課題や行った助言はほぼ同じである。

〈１班：出版文化史の中での『こころ』〉

この班には、『こころ』をはじめとする文学作品が、人々にどのように享受されてきたのかを調べ、まとめさせた。単に『こころ』が出版された経緯を調べるのではなく、そもそも「出版」がどのように始まり、現在はどうなっているかを通時的に考察し、その中での『こころ』の位置付けを考えるよう指示した。

出版は近世の古活字本・版本に始まり、開国までそれが続いたが、明治になって活版印刷術やその動力である蒸気機関の発達により大量生産が可能になると、新聞や書籍の拡販という状況が生まれてくる。娯楽の少なかった当時、新聞小説は多くの人々の楽しみであり、漱石は『坊っちゃん』『吾輩は猫である』のヒットにより著名な作家となったことで朝日新聞社に入社し、新聞小説を連載することで更に著名となっていった。そして『こころ』は岩波書店立ち上げの書籍として上梓される。出版史の中で岩波書店の果たした役割の大きさは言うまでもなく、その初期を支えた作品が『こころ』であった。そして、現在『こころ』は全集や文庫本はもちろん、高校生にとっては教科書に採用される作品となっており、「青空文庫」等インターネット上のテキスト公開サイトや、電子書籍でも読めるようになっている。

以上のような内容が発表されれば十分であったが、中には「『こころ』の連載により、朝日新聞は発行部数を伸ばすことになった」といった事象を突き止めたクラスもあり、筆者としては予想外の成果が上がった。また、『こころ』の本文中「下　先生と遺書」の「一七」に「頁さえ切ってないのも多少あったのですから」という部分があり、これをわからせるために初版復刻本『吾輩は猫である』(ページが切られていない形で復刻されている）を貸し、できればそれについても触れるよう促した。

〈2班：訓読みの特徴・3班：外来語の表記〉

この2つの班には、漱石の他作品や、他の同時代作家の作品、さらに可能であれば、明治初期の諸作品との比較を行うよう助言した。比較の対象の選択は班に任せたが、要は漢語ではない語句が、いかに漢字表記から現在の表記に近い形へ変化していったかを捉えさせようとしたものである。また、新聞や単行本などの一般向けの文章の多くには、総ルビが付されることが多かったが、これは義務教育の普及により識字率が上がり、少なくともルビがあれば文章が読める人々が増えていった中で工夫されていった事柄であることにも気付かせた。中で、特にH組の3班は「漢字主行カタカナルビ」という名称を見つけ、その導入について要領よくまとめていた。

〈4班：仮名遣いの特徴〉

これは前述の書籍『夏目漱石集―心（近代文学初出復刻）』によるところが大きい。これは東京朝日新聞に連載されていた「心」の複写本であり、変体仮名のヤ行の「𛀁」が用いられていたことが明確にわかる。この事実を通して気づかせたかったのは、(1)当時は文語文法に支配されており、口語文法のア行動詞はヤ行動詞であったこと。(2)しかしハ行動詞にも「へ」ではなく「𛀁」が用いられていることがあり（例えば『こころ』の作品中でも「拵へ」と「拵𛀁」が同居している）、表記上の揺れがあること。(3)この字が用いられた朝日新聞の『こころ』は1900年の小学校令で「国語」科の成立とともに変体仮名が廃止された後、一時的に変体仮名が復活していた時期に連載されており、このことから、現代仮名遣いも含めた近現代の言語現象は、自然な言語変化のみならず、言文一致運動や政府の国語施策・教育政策によって、人為的に変化させられるという特徴があること。以上３点に気付くことができればよしと考えた。各クラスでの発表からも、この点は見て取れた。（［資料１］参照）

〈5班：語彙使用の現代との相違〉

これは前述の通りで、特に補足すべきことはないが、ここでも比較の視点を導入させた。この班の生徒は、どのクラスでも『こころ』や『坊っちゃん』『三四郎』などを、分担して熟読する姿が見られた。意味の変化した語句の摘出に関しては、「今の君たちの感覚と違う使い方になっていれば、それを抜き出してよい」とした。生徒は、時に大人世代や国語教師の言葉遣いにすら違和感を持つものである。その違和感を基準にして語義の変化を通時的に考えさせた。

〈6班：『坊っちゃん』と『こころ』の文体の違い〉

これも前述の通りであるが、数量的な比較を行うに際しては、この班にも他班にも、「言語量を同じにしてその中での出現数か、または全体での出現率を算出し、比較すること」を助言した。言語量を同じにするにしても全体の量を量るにしても、どう基準を立てるかは専門の日本語学研究でも問題になるところであるが、高校生が限られた時間の中で行う研究であるので、単に「文字数」を基準にすることを助言している。特にテキストファイルをワープロソフト「Word」に読み込むと、画面下方に文字数が自動的に出てくるので、これを用いさせ、例えば「くて」と「くって」の比較は、その単位で検索をかけていくつあったかを数え、それを比較させる方法を採らせた。ここまでできて、『坊っちゃん』の話し言葉中心の文体と、『こころ』の書き言葉中心の文体が、数量的に特徴付けられればよしと考えていたが、４クラスともそこにとどまらず、両作品を書いていた当時の情勢や、漱石の精神的な状態、そこから来る作品のテーマを考えて、こうした文体の差が生まれた背景についても考察しており、深まりのある研究になった。（［資料２］参照）

⑤評価について

概ね全ての班が真面目に課題に取り組んだ。取り組み方に関して点数をつけるなどの数値化は行っていない。期末考査では、「自分の班（他班でも可）で扱った項目について、研究した項目を明記した上で、その項目について具体的に論じなさい。」という問題を出題することを予告し、あらかじめ200字程度で答えを用意しておくよう指示した。採点は、論理性を重視し、誤謬の有無を考慮しながら10点満点で行った。平均点は、8.1点であった。大半の生徒は10点であったが、準備してこなくて書けなかった生徒や論理矛盾のある生徒はほとんど得点できない。ただし考査全体の記述量がかなり多いことを考えると、十分な出来であったと考えている。

一方、もう１題「今回のグループ研究全体を通して、あなたが言語文化について考えたことや理解したことを、解答欄の枠内で述べなさい。」という問いを、予告はせずに４点満点で出題した。前問同様、論理性を重視し、誤謬の有無を考慮しながら採点を行った。こちらは前問の半分程度の記述量であり、平均点は2.8点で、70％に当たる。予告しなかったことと、やはり考査全体の記述量が多かったために、これを敬遠して他の問題を解いているうちに時間切れとなった生徒が少なからず見受けられたが、書いた生徒はみな高得点であり、十分な成果が上がったものと考えている。

後者の問いに関し、以下に生徒の答案を引用する。

> 私は日本語というのは「古文」と「現代文」に二分することができると考えていた。しかしこのグループ研究を通して、「言語文化は常に変わり続けている」ということと、「明治時代はその過渡期にあったため、そこで言語

文化が二分されたように見えるだけだ」ということを理解し、今言われている変な日本語にもいつしか、「あの時はああいう流れだった」という風になるのかもと考えた。（T・K）

言語文化というものは、今も昔も変わらないようで少しずつ変化してきている、まるで生きているようだなあと思いました。それにもとづき、「最近の若者の言葉の乱れ」を擁護する人々がいますが、私は『こころ』の出版当時～現代の言語文化の変化と、現在の言葉の乱れを同じには考えられません。前者の変化の中には、日本の言語を愛し、尊重していく気持ちが感じられますが、後者はただ省略する、といったものが多いからです。（N・K）

言語文化は時代によって様々な変化があり、とても面白いと思った。また、言語文化を学ぶことはその当時の習慣なども学ぶことになり、より日本に対する理解を深めることができると思う。（Y・N）

私は、日本人として、日本語の美しさを非常に誇りに思い、『こころ』のような近代小説における語い使用は、昔に比べて乏しい言葉で生きる私にとって非常に魅力的であった。しかし、このような言語を現代に復活させるのは不可能なので、近代小説を現代生活に残していくべきだと思う。（H・M）

今回は「言語文化の変化」に重点を置いたため、このような記述が多くなったが、これらを読む限り、実践の目的は概ね達成されたと考えている。

6　まとめと課題

今回は、学習指導要領に言うところの「言語活動」を通して、「言語文化」への理解を深める目的で、本実践を開発した。あえて定番教材である『こころ』の授業の中でこの課題に取り組ませたが、時間的な制約から、十分に研究内容や学級での討議を深めることができたとは言い難い。『こころ』は、その新聞連載や初版本発刊時の状況からすれば、この課題を設定するには史的位置づけとしてふさわしい作品であるが、一方で長編小説としての読解・鑑賞に多くの時間を割きたい作品でもある。今回の「途中の４回」をもっと充実させた形でいかにして現代文の授業の中に取り入れ、言語文化への生徒の興味関心と理解を深めさせていくか。別単元の開発も含め、今後の課題としたい。

［資料１　生徒作成資料例（４班）］

仮名遣いの特徴　四班

夏目漱石の『こころ』が初めて出版された1914年当時のその文体には今は使われていない変体仮名が使われている。この変体仮名の中で特に代表的なものである「𛀁」について取り上げ、「仮名遣いの変遷」と「ア行エとヤ行エの関わりの変遷」を見ていきたい。

〈仮名遣いの変遷〉

平仮名誕生
　同時に変体仮名も生まれる。
平安時代

☆変体仮名について☆
現在使われている平仮名とは別に漢字をくずして作られた。つまり一つの音に対し複数の平仮名が存在した。

とくに変化はない

1900　小学校令により変体仮名が廃止される
1908　二十六の変体仮名が復活する。
1914　『こころ』初版
1942　変体仮名完全に廃止される。
戦後　歴史的仮名遣い消滅

〈ア行エとヤ行エ〉

平仮名誕生
　ア行エとヤ行エの区別がある。
平安時代中頃
　ア行エとヤ行エは混同され始める。
戦国時代
　エはア行エからヤ行エにまとまる。
江戸時代中頃
　エはヤ行エからア行エにまとまる。
江戸時代終わり
明治時代
　五十音表の普及に伴い
　ア行エ　え（衣の草書）
　ヤ行エ　𛀁（江の草書）と定められる

つまり1914年はア行エは歴史的仮名遣いにより「へ」と表記され、同時に変体仮名が「段々」と消えていく時期にあたる。そこでこの時期の仮名遣いの混乱を知るために「へ」「𛀁」が送り仮名に使われている動詞を挙げた。

へ　〈1〉答ふ、間違へて（間違ふ）、訴へて（訴ふ）、構へた（構ふ）
𛀁　〈2〉見𛀁た（見ゆ）、消𛀁る（消ゆ）、覚𛀁て（覚ゆ）、絶𛀁て（絶ゆ）
　　燃𛀁る（燃ゆ）、吠𛀁て（吠ゆ）、堪𛀁（堪ゆ）
　　〈3〉蓄𛀁て（蓄ふ）、控𛀁（控ふ）、押𛀁（押ふ）、揃𛀁て（揃ふ）迷𛀁（迷ふ）

〈1〉は正しい歴史的仮名遣いにのっとったもの、〈2〉も変体仮名が消えていく途中にあるものだが、〈3〉は送り仮名がハ行で表記されるべき、つまりア行エにあたるものがヤ行エである「𛀁」で表記されている。
平仮名が生まれてから明治初期まで使われていた変体仮名が廃止され、平仮名が今使われているものに統一されていく過渡期に『こころ』があり、その時期には〈3〉に見られるような混乱があったのである。

[資料2　生徒作成資料例（6班）]

『坊っちゃん』と『こころ』の文体の違い

二六班

1.「坊っちゃん」と「こころ」の違い

〈坊っちゃん〉
主人公が社会の不正と対決するという勧善懲悪のストーリーで、ユーモアあふれる作品➡会話調で口語的な文体

〈こころ〉
人間が誰しも持っているエゴイズムを描いた倫理的な小説で、Kが自殺してしまうという悲劇的な内容➡文語的でかたい文体

↓「坊っちゃん」「こころ」において特に気になった表現をピックアップし、調査してみた

目的…「坊っちゃん」が口語的な文体で、「こころ」が文語的な文体であるということの違いを具体的な表現から調査する。

方法…口語的な表現で気になるのをいくつか挙げ、その表現とそれに対応する文語的な表現の数を調べ、「こころ」と「坊っちゃん」で比較。

＊数を調べる際は総文字数を統一する。「坊っちゃん」（総文字数：92352）の方が「こころ」（総文字数：314319）より総文字数が多いため、「坊っちゃん」に合わせ、「こころ」は中11章まで比較。

また、「こころ」と「坊っちゃん」の文体の違いを、漱石の文学全体を通した作風の違いとしてみるために、「こころ」と近い作品として「道草」についても調査を行う。「道草」の総文字数は248380なので、47章まで比較。

調べたもの
① くって（くって）／くて
② くっちゃ／くては
③ こっち／こちら
④ そりゃ／それは

結果　92352文字中

	坊っちゃん	こころ	道草
くって	50	15	20
くて	31	11	2
くっちゃ	24	15	8
くては	10	7	0
こっち	25	0	7
こちら	3	2	5
そりゃ	10	21	8
それは	11	28	18

（個数）

● 会話表現の多さ
↓ 坊っちゃん＞道草＞こころ

● 文語表現の多さ
↓ こころ＞道草＞坊っちゃん

2. どのような違いが文体の差異をつくっているか

◆漱石の文学活動（「新修　日本文学史」より）

[illegible]	代表作品
反自然主義（明38〜39） 写生文から余裕派・低徊趣味へ	吾輩は猫である 坊っちゃん 草枕
三部作時代（明40〜43） 文明批評をこめて近代人の内面を追究	虞美人草 三四郎 それから 門
修善寺大患後（明43〜大5） 人間のエゴイズムを徹底追究・分析―則天去私の世界―	彼岸過迄 行人 こころ 道草 明暗

〈坊っちゃん〉
・人生を余裕をもって眺めようとする「低回趣味」が強い。
・ユーモア・美的世界↓「余裕派」

←

〈「それから」以後〉
・実存的関心
・エゴイズムの問題を中心主題にしたものが多い

〈漱石の後期の作品〉
彼岸過迄
行人
＜こころ＜
道草
明暗

漱石の後期の作品において、文体のかたさの程度とエゴイズムの追求の程度は一致する。

その程度を比べた関係は上のようになっている。

3. まとめ

文体の違いは作風の違いによるものだと考えられる。
内容だけでなく"文体"も作品の作風における重要な要素となっているのだと考えられた。

〔注〕

1）この1時間を、東京学芸大学附属学校合同研究会の国語部会世田谷地区研究会、および東京学芸大学世田谷地区で行っている現職研修講座で授業公開することを前提に進めた。

2）夏目漱石著・青柳達雄解説『坊っちゃん 「ホトトギス」初出本文』勉誠社文庫（1981）

3）玉井敬之・鳥井正晴・木村功編『夏目漱石集―心（近代文学初出復刻）』和泉書院（1992）

〈引用・参考文献〉

町田守弘（1986）「グループ学習による小説の学習指導」大平浩哉編著『高等学校国語科 新しい授業の工夫20選』大修館書店 pp.20-25

湊吉正（1987）『国語教育新論』明治書院 pp.1-9

花田修一（1997）『生きる力を育む「話し言葉」授業の改革』明治図書出版

中村敦雄（1998）『コミュニケーション意識を育てる発信する国語教室』明治図書出版

第6章 演劇的活動を導入した指導

本章では、演劇的活動を導入した指導についての実践を取り扱う。ここで言う「演劇的活動」とは、教育方法学やドラマ教育論で言う「演劇的手法」とはやや異なる意味で用いている。すなわち、「見る—見られる」の関係（ここには多くの場合「聞く—聞かれる」の関係を伴う）が成り立っていて、基本的には言うこと・することが決まっており、そのためには多少なりとも「演技」（素のままの自分ではない状態を作ること）を行わねばならない活動を、「演劇的活動」と称することにする。これには、本当に劇を作ったり発表したりする活動はもちろん、朗読・群読、発表学習、スピーチ、ディベート、プレゼンテーションなどが含まれる。従って第5章の1・3・4もこれに属するものではある。しかし、一般には発表学習やプレゼンテーションなどは「演劇的活動」とは意識されていないので、本書では別章に分けた。なお、「演技」は見られる（聞かれる）相手が自分一人であっても、言い換えれば録画や録音を自分自身で見聞きする場合でも、成り立つものである。そこで本章には、「人前での発表を目的としない朗読」についての実践も含めている。

1 朗読を柱とする現代詩の授業
——「統一テスト」条件下での指導の一例——

はじめに

学校にはそれぞれ教育上の条件がある。優れた実践報告には授業者のオリジナリティが発揮されているものだが、学校の条件によっては常に教員が足並みを揃えて同一内容の授業をする場合も多い。それは概ね学年全体で同一問題の試験を実施するためであろう。本節ではこのような試験を「統一テスト」と称することにする。この実践を行った当時の筆者の勤務校である目白学園中学校・高等学校も「統一テスト」を行う学校だったことは既に述べた。本節ではその「統一テスト」条件下での工夫の一例としての実践を報告し、併せて国語教育学の一関係者として、一般的立場からの提言を行う。

1　授業の条件と実践の対象

目白学園中学校・高等学校の履修形態等は、第３章[1]と第４章[1]・[2]で述べた通りなので割愛する。特に本節の実践の対象は第４章[2]と同じ生徒たちである。性格面での実態のみ補足しておくと、概して明るく素直だが、学習には受動的で積極性が不足気味の傾向にあった。筆者が担当していなかったクラスと同じ「統一テスト」を行うため、教科書や教師用指導資料から離れた授業は基本的には不可能な条件下だったが、生徒に与える課題は個々の教員の裁量に委ねられ、平常点に加味することは可能だった。

2　年間指導計画

使用教科書は明治書院『精選国語Ⅰ二訂版』。使用副教材は明治書院『精選国語Ⅰ二訂版　演習ノート』・明治書院『国語Ⅰの演習　現代文編』があり、この他古典関係の問題集と文法書、および国語便覧も使用している。

指導計画（扱う教材）は、次の５つに分けられていた。

①１学期中間試験まで……東山魁夷『心の鏡』・大岡信『言葉の力』・芥川龍之介『羅生門』

②１学期期末試験まで……谷崎潤一郎『言語と文章』・安部公房『日常性の壁』・短歌・俳句

③２学期中間試験まで……唐木順三『鳥と名と』・辻邦夫『自然への回帰の旅』・志賀直哉『城の崎にて』

④２学期期末試験まで……太宰治『富嶽百景』・井尻正二『氷期の野尻湖』・詩

⑤３学期期末試験まで……向井敏『「暇つぶし」こそ読書の魅力』・加藤周一『日本文化の雑種性』・樋口一葉『たけくらべ』

2学期中間試験までは上記の通りに進んだ。ところが上記④はその後の教員間の話し合いで、詩と『「暇つぶし」こそ読書の魅力』の2つに、⑤は『氷期の野尻湖』『日本文化の雑種性』『たけくらべ』の3つに変更された。これは、『「暇つぶし」こそ読書の魅力』が最初に出てくる評論作品であり、生徒の読解力や興味・関心を考慮すると、3学期に評論2編と『たけくらべ』を消化するのは難しいという意見が出されたためである。そのため『「暇つぶし」こそ読書の魅力』と『氷期の野尻湖』が入れ替えられたが、分量から言って、詩および『「暇つぶし」こそ読書の魅力』『富嶽百景』の3つを④で全て扱うのも難しく、結局『富嶽百景』を割愛した。小説は『羅生門』『城の崎にて』を学習済みであり、3学期の『たけくらべ』も小説（という単元ではないが）だという理由による。このため、結果的に④には時間的余裕が生じた。

3　筆者担当クラスの状況

指導計画が「読解」中心に立案されていたため、年度当初から「読書」および「書く」「聞く」「話す」については教科書以外で補う必要があると考えた。もちろん指導計画に従いながらであるため、時間をやりくりするか、授業時間外での課題とすることになる。そこで、「書く」については時折授業と関連付けながら作文やレポートを課することを中心に行い、「読書」「話す」「聞く」については、帯単元「私の薦めるこの一冊」を独自に設定し、自分が読んだ本に関する3分間スピーチを、毎時間の始めに行わせた。（年間通して1人1回ずつ。）また、語彙を拡充するため、教科書教材に沿った語彙に関するプリント（全クラスに配布）と、年間継続課題として、町田守弘（1992）の実践「ワードハンティング」とほぼ同様の課題（語彙カードの提出）を課した。これらは本節の実践中にも継続進行していた。また、平常の授業では定期試験の範囲を指導資料の解釈に従って消化する必要があったため、個々の生徒の読みを生かす場面はそれまで非常に少なかった。そこで、少しでも生徒の個性を生かす学習活動を増やす必要を感じていた。

このような状況と経過を経て、2学期中間試験後に詩を扱う時期を迎えていた。ところで学習指導要領には「朗読」が含まれているが、それまで生徒自身に朗読をさせる場面がなかった。これは生徒が人前で感情を込めて朗読するのを嫌がることと、嫌がらない状態にまで導くには、相当の時間数と指導計画の変更を要すると判断したためである。朗読自体は表現の一手段であり、目的ではないので、そこまで時間をかけることはためらわれた。ただ、一度は朗読を採り入れるべきと考えていた。また、詩はそのためには格好の素材と考えられた。そこで詩の指導は、その全体を見渡しつつも、朗読を柱にして行うことにした。

4　実践の概要

①単元名「詩の鑑賞」

教科書の単元名は「詩歌」で、短歌・俳句も同単元に入っている。だが、1学期に短歌・俳句のみ学習が済んでいたため、今回は「詩の鑑賞」とした。なお、本節の標題で「現代詩」としたのは、「現代文の範囲で扱う詩」という程度の意味である。

②単元の目標

単元の目標は、以下の通り独自に設定した。

1　詩の表現の特性を理解し、鑑賞する態度を養う。

2　教科書所収の詩に関し、作者との関係も考慮しつつ、作品の表現と主題について考える。

3　朗読が表現活動の一つであることを理解し、朗読の仕方を考えることで、言語感覚[1)]を磨くとともに、自己の作品鑑賞を深める。

③使用教材

A　教科書所収教材より3編

室生犀星『小景異情』(その二・三・六)・高村光太郎『鯰』・吉野弘『雪の日に』

B　プリント教材

草野心平『冬眠』・吉野弘『I was born』・萩原朔太郎『遺伝』・高村光太郎『ぼろぼろな駝鳥』・宮沢賢治『雨ニモマケズ』

④指導過程（全9時間）

〈第1次〉……2時間

プリント教材を用いて、詩の表現の特質について学び、併せて解釈・鑑賞を朗読によって表現できることを理解する。

〈第２次〉……６時間

教科書教材の解釈・鑑賞と、その朗読。（教師主導）

〈第３次〉……１時間

任意の１編の詩を各自持ち寄り、LL 教室で朗読する。

このうち第２次までは、筆者独自の帯単元「私の薦めるこの一冊」（自分が勧める本についての３分間スピーチ）が同時進行中で、毎回始めの７分ほどはこれに充てていた。

第３次の１時間については、あらかじめ「自分はなぜこのように朗読するのか」を、詩の表現に即して説明するレポートと、それに基づく朗読練習を課しておき、朗読したテープとレポートを一緒に提出（後日でもよい）するものとしておいた。

⑤各時の具体的内容

〈第１時〉

草野心平の『冬眠』（「●」一つだけの前衛的な詩）を上段に、吉野弘の『I was born』を下段に掲げたプリントを配布。上段には「●」の他は「一」～「四」という番号が箇条書きにしてあるだけである。（上下段に分けたのは、単にプリントの見栄えを良くするためだけで、特別な意味はない。）なお、本時から詩の学習に入るという事前の指示はしていない。

まず下段の『I was born』を黙読させ、「この作品は文章のジャンルで言えば何か。」と発問をした（発問は全て指名による）。４クラス中、３クラスまでが「随筆」と答える。そこで、「なるほど、そう思う人が多いかも知れないね。しかし、よく見るとところどころ１字ずつ空いていたり、会話文が鍵括弧になっていないといった、ちょっと変わったところがあるね。」と答えた上で、「目で追うだけではわかりにくいかも知れないから、朗読をしてみようか。」と言って筆者が朗読。（生徒に読ませてもよかったが、漢字の読みでつまずいて作品の流れが損なわれることを予測し、筆者の範読とした。）その後、再度ジャンルを尋ねたところ、全クラス「詩」と答えた。その上で詩の種別を尋ねたが、これは全クラスとも「自由詩」と答えたので、これが「散文詩」であることを示し、詩の分類（文語・口語、定型・自由・散文、叙情・叙事・叙景）に関し、

「中学校の復習」と称して簡単にまとめた。

次に上段の『冬眠』に移る[2)]。「これも詩だよ。」と言うと、生徒たちは意外そうな反応を示したので、すぐさま「草野心平という詩人が詩として発表したものです。草野心平については、教科書や参考書で名前に見覚えのある人もいるはずです。詩人が詩だと言っているのだから、素直に詩として受けとめることにしよう。ではまず、この詩に題をつけてプリントの『一』のところに書いてみて下さい。いくつ書いても構いません。」と指示。しばらく時間を与えて考えさせた。机間巡視をしながら独創的な題をつけたものを見つけ出しておき、いくつか紹介。(なお、圧倒的に多かったのは「黒い丸」という題。最も独創的だったのは「無の中にいる私」というもの。) その後『冬眠』という題であることを示し (ここでも意外そうな反応が多かった)、その後、「二」「三」「四」の課題を板書。「二」は「題を見て感想を述べよ。」、「三」は「『詩』とはどういうものであると思うか、自分の感想を述べよ。」、「四」は「どうしてこれが『詩』と言えるのか。自分の考えを述べよ。」というもの。

それぞれ生徒に自由に考えを書かせたが、本時の最後で5分程度のまとめを行い、その際に吉野弘の詩の定義「詩とは言葉で新しく捉えられた、対象 (意識と事物) の一面である。」を紹介し、言葉は記号であること、従って●のような記号も詩の言葉になり得る可能性を持っていること、更に、詩の特質として「発想」「リズム」「イメージ」の3点が重要であることを示した[3)]。そして、言葉の使い方が散文に比して特徴的であることを、「詩的言語 (詩語)」という用語を紹介しつつ示し、詩を鑑賞する際には、これら4点に留意すべきであることを付け加えておいた。

〈第2時〉

萩原朔太郎の『遺伝』を上段に、高村光太郎の『ぼろぼろな駝鳥』を下段に配したプリントを配布。『遺伝』は「おおきな蜘蛛」の部分と犬の鳴き声「のをあある　とをあある　やわあ」をふせて (　) にしてある。

まず『遺伝』を、(　) を飛ばして範読した。その後、2行目の (　) 内を埋めるよう指示。ここでは、前時の「発想」と「イメージ」についての認識を深めさせようとした。指名により数名に尋ねるが、「犬」「熊」などの短い動物名で答える者がほとんどであった。「この括弧の大きさまで考えてごらんよ。

もう少し長いはずでしょう。」と言いつつ正解を板書。夜の家並みを「へたばって」という言葉で表現した上で、その黒さから「おおきな蜘蛛」に結びついていく作者の発想とイメージについて簡単に説明した。

次に犬の鳴き声を埋めさせる。ここでは前時の「詩的言語」についての認識を深めさせようとした。やはり数名に尋ねるが、「ワンワン」「キャンキャン」「ワオーン」等の、ありきたりの鳴き声しか出てこない。「とても犬の鳴き声とは思えないような、不思議な表現が入ります。正解など出なくて当然ですから、思い切って変わった表現をしてみて下さい。」と言っても、これ以上の答えは出てこない（この状態をほぼ予想していた）。そこで、正解を板書。（生徒たちは笑いながら「えー？」などと言っている。）そして、「詩では作者・作品によって独自の言葉遣いが生み出されることがよくあります。こういう擬声語のことをオノマトペと言いますが、この表現はもちろん朔太郎の独自のものです。『恐れに青ざめ』た犬の心情を表すには『ワンワン』というような、ありきたりの言葉ではダメだと考えたのでしょう。では、これは本当に犬の声になり得るだろうか。ちょっとやってみますね。」といって、筆者がこのオノマトペを無理矢理犬の声らしく朗読してみた。（うまくはいかない。生徒達は笑っている。）そしてこの朗読から、次の『ぼろぼろな駝鳥』に繋げた。

『ぼろぼろな駝鳥』は、初めから朗読を目的に読ませた。まず各自黙読させ、指名により単なる音読をさせた。次に、「この詩は語り手の、何に対するどのような考えを表現しているだろうか。」と発問。「人間に対し批判する考え」という答えが、どのクラスでも比較的容易に出た。そこで、「そうだね、批判でしょう。そこまでは確かに読解できます。しかし批判と言ってもそこにどのような『感情』が入っているかな。こうなると１つには決められないと思うけど、自分なりに鑑賞するつもりで、語り手の感情を想像して下さい。」と発問。「怒り」「嘆き」などの答えが出てきたところで、「では、この詩を怒っているように感情を込めて朗読して下さい。」と指示し、指名。４クラス中３クラスまでは恥ずかしがって読めないか、ただの棒読みになっていた。１クラスだけ、自分なりに感情を込めて読んだ生徒がいて、この生徒に対しては、「なかなか頑張ってくれました。はい、拍手！」などと賞賛を与える。その後、筆者が「怒り」「嘆き」「嘲笑」「諭し」の４つのパターンでそれぞれ朗読を行った[4)]。（この時のものはかなり誇張した、いわゆる「芝居がかった」朗読である。生徒たちは笑っている。）その上で、「確かにここまでは読み取れる、という『読解』の部分と、もしかしたらこういうことも言いたいのかも知れない、という『鑑賞』に当たる部分をなるべく区別しよう。そして、積極的に鑑賞を行ってもらうために、１つ課題を出しておきます。」と言って、別紙プリントを配布。好きな詩を１つ選んで朗読の練習とレポートの準備をしておくよう指示。朗読が自分の読解・鑑賞したものの「表現」であることを説く。

〈第３・４時〉

教科書教材『小景異情』の読解・鑑賞。教師用指導資料の内容に従った、典型的な発問－応答型の授業である。なお、〈第１時〉で示した「リズム」に関してまだ詳しく触れていなかったので、『小景異情その二』を用いて、七五調のリズムの変形であり、自由詩への過渡的な性格を持つ詩であることを示した上で、変形された部分に適切な間を開けることによって、より的確な朗読ができることを付け加え[5)]、筆者なりの朗読を行った。以後、どの教材にも全て最後に筆者の朗読が入る。生徒自身による朗読は、前記の課題に委ねることにした。

〈第５～８時〉

５・６時は『鯰』の、７・８時は『雪の日に』の読解・鑑賞。やはり教師用指導資料の内容に従った、発問－応答型の授業であった。

〈第９時〉

別紙課題による各個人の朗読を中心に行う。本時だけは英語科の協力を得てLL 教室を使用した。LL 教室を利用したのは、①一人一人の朗読を全てその場で行わせる時間的余裕がない、②全員の前での朗読は恥ずかしがってできなくなる生徒が多いと予想された、③自宅に外部録音装置付きのカセットデッキ等を持っていない生徒が多かった、④俳優による朗読（新潮社のカセットブック等）を聞かせるためにはカセットデッキより音の良いLL 装置を使いたい、⑤国語の授業をLL 教室で行うという意外性に伴う新鮮味を利用して、朗読に熱中させたい、という５点による。

本時は「私の薦めるこの一冊」はなし。まずプリントで宮沢賢治「雨ニモマケズ」を配布。さだまさしによる朗読と長岡輝子による朗読の２つを聞き比べさせ、「同じ詩でも、朗読する人によって全く味わいが違ってくる。そこで、朗読に当たっては、自分らしさを出すよう工夫してほしい。しかし、『ここはこう読まねばならない』という箇所は、どちらも同じような読み方をしている。そういう点にも十分注意すること。」を指摘した。(例えば、両者とも「雪ニモ夏ノ暑サニモ負ケヌ。丈夫ナ体ヲ持チ……」ではなく、「雪ニモ夏ノ暑サニモ負ケヌ丈夫ナ体ヲ持チ……」と解釈して、切らずに読むところは共通である。) 同じ趣旨で、石坂浩二による「ぼろぼろな駝鳥」の朗読と、加藤剛による「鯰」の朗読も聞かせた。(ここまでで15分程経過。) その後、LL の装置に慣れることも含め (生徒によっては、録音の仕方を知らない者もいる)、20分程度の練習時間を与えた。最後に15分ほど本番の時間をとり、一斉に録音させた。これでもなおかつ録音が済まない生徒には、家で録音するか、昼休みないし放課後に LL 教室に来て録音するよう指示した。そして、録音したテープは、「なぜ自分はこのように朗読するか」、すなわち自己の朗読の根拠を書いたレポートと一緒に、締切日までに提出するよう指示しておいた。このレポートは、自分が読解・鑑賞した詩作品をあらかじめ意識化させ、メタ言語的な立場から記述させることによって、生徒の言語感覚を磨くことを目的に課したものである。

5　その後の処理と考察

① 2学期期末試験は他の教員が作成した。範囲は前述の指導計画 (修正後) 通りである。テストの点数を、実践の成果を評価する尺度にするのは慎むべきであるのと、実験的データを取ったわけではないという2点の理由で、テストの平均点等を掲げるのは控える。ただ、全体の平均点と筆者担当クラスの総平均点の間には、ほとんど差がなかったことを述べておきたい。これは、筆者の授業が結果的には良くも悪くも学年全体の指導計画から逸脱していなかったことの証左であると言えるだろう。

② 教科書教材を扱う時に、特別な工夫ができなかった。これは反省点とせざるを得ない。発問や指導過程まで指導資料通りにしているわけではないが、教科書に脚問があることなども関係して、かなり指導資料の内容に縛られた授業になってしまった。個々の詩の解釈・鑑賞に関し、もっと積極的に生徒

の意見を取り入れる場面を作るよう工夫すべきだったと思う。

③ 提出された朗読テープとレポートを見る限りの主観的印象にならざるを得ないが、「個を生かす」という面では、かなりの部分が達成されたと考えている。非常に積極的な態度で臨んだ生徒が多く、その音声を紙面で紹介できないのが残念である。レポートも、音譜の強弱記号や独自の朗読記号を使って書いたものなど、力作が目立った。その一方、テストと無関係な課題であるため、未提出のまま終わってしまった生徒も1割強存在し、最後まで徹底した指導をしきれなかったのも反省点である。

④ 提出されたテープとレポートは、1年間の課題と合わせて年度末に年間平常点とし、評定を出す際に加味した。

⑤「統一テスト」条件下と言っても、今回は出題範囲が狭くなった。そのため時間に余裕ができ、今回のような実践が行えたことは確かである。出題範囲が広い場合は、ややもするとほとんど一方的な「解説」で終わってしまうこともある。「統一テスト」条件下でも、可能な限り多様な学習活動を取り入れ個を生かす学習指導法の開発が、現実問題として必要であろう。

6　おわりに――「統一テスト」に関する一般的立場からの提言

最後に、国語教育学の一関係者として一般的な立場から発言する。

全国的な実態としては、かなり多くの学校で「教科書通り」の授業と「統一テスト」という評価形態を抱え、それに授業が縛られている、すなわちテストのための授業になっているという状態は、授業に柔軟性をなくさせる最大の原因として憂慮している[6)]。特に国語科で文学作品を扱う時などは、「統一テスト」は害毒にすらなる。

当然だが、この背景には大学入試などの影響が多分に見られる。そして、これに対応せざるを得ない現場の状況が一般に拡がってしまい、多くの学校がその犠牲になっている。筆者の当時の勤務校も、いわばその犠牲者である。

現実には「統一テスト」の利点もかなりある。現場に対する教師用指導資料の貢献も、計り知れないものがある。筆者はこれらの長所を否定するつもりはないし、必要があればその利点を活かしつつ取り入れれば良い。だが、学習者の個性重視が必要とされる現代の教育は、「統一テスト」に縛られたものであるべきではなかろう。その意味で、高大接続改革・現場の意識改善・教員養成プログラムと現職教員研修の充実が不可欠と考える。「統一テスト」の現実的な必要性をなくし、一方で常に適切な評価のできる教員の養成・研修と、評価法・指導法の開発をしていくことが必要であろう。

〔注〕

1）浅田（1992a）による、「言語感覚」の一局面の規定（本書第１章[1]）を参照のこと。
2）『冬眠』をめぐる以下の実践は、青山哲也（1990）を参考にした。
3）川越淳一（1990）を参考にした。なお、本節中の吉野弘の詩の定義は川越氏の実践報告から転用した。
4）昭和62年度に筑波大学大学院教育研究科において筆者が聴講した田近洵一氏の集中講義「国語教育特講」を参考にした。
5）鳴島甫（1988）を参考にした。
6）湊吉正（1987）は国語の授業を成立させる直接的要因として、学習者・指導者・目標・内容・方法・時空的条件の６つを挙げている。「統一テスト」は、この６つのうちの「内容」と「方法」を、「目標」の如何に関わらず初めから拘束するものであり、その上に立って立案された指導計画は、扱う教材が多ければ多いほど「時空的条件」をも拘束する。かくして、その拘束の中で、「学習者」も「指導者」も不自由を強いられることになる。この状況を打開するために必要なのは、やはり「指導者」側の高い意識であろう。

[2] 古典の学習指導における新たな文化の創造
――高校演劇作品『黒塚 Sept.』を手がかりとして――

1　はじめに

古典の教材価値の一つを文化の継承や創造のために資するとする見解は多いが、実際に文化の「創造」を意識した実践は存外少ない。例えば「枕草子」を読んだ後でこれを真似て随筆を書くとか、俳諧を学んだ後で自分でも俳句を作るなどは、比較的よく行われるものであるが、「国語科教育」であるがゆえに、作られるものが言語作品しか意識されていないことが多い。しかし文化の創造という場合、その「文化」の範囲は広い。本節では、国語科の授業の枠の中で、高校演劇部の活動から生まれた作品を用いつつ、言語作品にのみ偏らない文化の創造に力点を置いて実施した授業の一端を報告する。

2 「言語文化教育」の射程

ひところ古典教育意義論が盛んに議論された時期があった。以下は本書第1章[2]・[6]などで既に大半は述べてあるが、ここで改めて繰り返しておきたい。浅田（1992b）は、昭和30年代以降の古典教育意義論の状況を整理する中で、「文化遺産の理解や知識等を協調し、あるいはその享受や継承を掲げるもの。」を一つの類型として提示した。同稿は筆者個人の立場を極力排除し客観的な事実を抽出することに努めたものであったが、その最後で「古典教育」の大部分を「言語文化教育」として位置付けるという考えを述べた。そして浅田（2000b）では、「全ての言語教育は言語文化教育である」という視座の設定を提唱した。同稿も事実の抽出を意図しており、伝統文化の価値を強調したものではない。ただし、この視座を設定することによって、初等教育段階から高等教育段階まで、言語文化全体を統一的に捉え、その全体の中で教育内容を決定していくことが可能になるとした。ここに筆者の個人的な立場を加えるならば、筆者はこれら言語文化に関する価値を重視する者であり、国語科の学習指導の柱の一つとして常にこれを意識しながら実践を行ってきた。

しかし古典指導の分野においては、文化遺産の「享受や継承」は日常的に行っていても、その先への取り組みはあまり実践できずにいた。「その先」とは、「新たな文化の創造」である。

つとに西尾実（1951）は、次のように述べている。

> 言語生活の発展は、その完成段階としての文芸・哲学・科学等、言語を契機とした専門文化を形成する。その意味で、これらを特に言語文化と呼んで、それ以外の、すなわち、狭義の言語生活と区別する考えかたもあり得る。

つまり「言語文化」は言語生活の「完成段階」というわけである。そして文芸作品の享受としての「鑑賞」について述べる中で、

> 鑑賞は、単なる享受と印象に止まらないで、何らかの生きかたを発展させ、それを推進する。あるいは知的作業としての解釈・批評へ、あるいは感想

へ、あるいは朗誦・朗吟・朗詠等の音楽的演出へ、あるいは動作的または総合的な劇的演出へ、あるいはシナリオ化・脚本化をはじめ、詩歌や物語や絵画・彫刻等の制作へというように、材料により個性によって、同一作品の鑑賞が、さまざまな発展形態をとる。その発展形態は、あくまで個性による決定で、学級を画一的に規定するわけにはいかぬ。鑑賞からの発展としての作業こそ、個人差を基調とした学習でなくてはならぬ。

と述べており、かなり早くから言語文化にとどまらない「発展形態」に関する見解を披瀝していた。この西尾の広い視野に学ぶ必要性は大きい。

また藤原与一（1963）は、論文「文化創造と国語教育」の冒頭部分でこの題について触れ、

じつは、この方向の国語教育が国語教育の終局のものであろうと考えてきた。

国の文化を拓く国語教育とは、一国の文化を開拓し創造する国語教育というつもりである。すぐれた国語生活者（精神生活のよい方向をしつけられた国語生活者）を養成することができたら、もはやそれが、国の文化の創造を理念とする国語教育の成功ではないか。——国の文化を産む活動のだいじさを、言語生活のうえで自覚させることができたら、「文化創造の国語教育」はできたことになると思う。

と述べて、国語教育を文化の創造に繋ぐことの重要性を強調している。藤原はこれを国語教育の「終局のもの」としており、西尾の言う「完成段階」と同様の位置付けを行っていると言える。

このように「新たな文化の創造」は古くから言われながら、国語教育の中ではやはり言語作品を作ることにほとんど限られてきた。筆者自身も、古典を鑑賞した後でそれを題材に言語作品を作る自由研究などを課することは従来からあったが（浅田1995）、生徒からの提出物は結局感想文や調べ学習などのレポートになってしまう場合が多かった。しかし、言うまでもなく「文化」の概念は「言語作品」にとどまらない。そして将来の文化の担い手である学習者たちは、あらゆるものから影響を受け、あらゆる種類の文化を創造していく可能性があり、むしろそれが自然であろう。これを国語科の枠の中で、かつ言語作品に縛られずに展開していく工夫が必要であると考えてきた。すなわち、「言語

文化教育」の射程はかなり広いと考えているわけである。

3　高校演劇作品『黒塚 Sept.』について

こうしたことは考えつつも、現実には日常の授業の時間的制約が大きく、そのうえ高校１・２年生の途中段階では学習済みの古典作品が少なく、その扱われ方も断片的なものがほとんどであるため、実践には踏み切りにくかった。その意味では対象学年は高校３年生が実施しやすい。ただし勤務校の東京学芸大学附属高等学校では３年生の古典は選択科目であり、各自の志望大学を意識して、主に文科系志望者は古文３単位・漢文１単位の「古典講読」、理科系志望者は古文１単位・漢文１単位の「古典」を履修するが、後者は古文が週１時間であるため教科書以外のことをやっている時間はない。やるなら前者であるが、こちらは古文３単位のうち概ね２単位分を『源氏物語』の講読に充てることになっている。そして、各講座には３年生８学級の全クラスから数名ずつの生徒が集まってきて授業を受ける、混成の生徒集団である。何より受験生であるため、特に２学期以降は単元学習等を大がかりに組むことが躊躇される。そのため、１学期のうちにできる発展学習を、主に『源氏物語』との関連で扱えないかと模索していた。

ところで、筆者は部活動では演劇部の顧問を務め、東京都高等学校演劇連盟や関東高等学校演劇協議会の役員も務めている。その関係で、2010年１月に長野県東御市で行われた第45回関東高等学校演劇研究大会（関東大会）へ出向いて各校の上演を観劇していた際、強く感銘を受け、かつ内容面でも国語教師として興味を持った作品があった。それが『黒塚 Sept.』（くろづかセプテンバー）である。

『黒塚 Sept.』は群馬県立前橋南高等学校演劇部による上演で、作者は当時同演劇部顧問教諭の原澤毅一氏。題名の通り謡曲『黒塚』（『安達原』）をモチーフにしたものである。筆者はその少し前に原澤氏と知己になる機会に恵まれたため、この上演を楽しみにしていた。もちろん内容は上演を観るまで知らなかったわけであるが、原澤氏はこれ以前にも謡曲を題材にした脚本を２本作っていたため、上演前から強く興味を惹かれていた。そして実際に観ると極めて優れた傑作であり、筆者がこれまで観てきた高校演劇部の大会における上演

（以下「高校演劇」と称する）の中でも特に強い衝撃を受けたものであった。この作品はこの年の関東大会で最優秀賞を受賞して全国高等学校演劇大会（全国大会）に推薦され、かつ全国大会でも最優秀賞を受賞して、東京の国立劇場で行われる「全国大会優秀校公演」でも上演し、NHK の BS-2『青春舞台2010』で全編が放映された[1)]。

謡曲『黒塚』の概要はここに述べるまでもないであろうが、念のためごく簡略に記しておく。登場人物は、前ジテが老女（後ジテで鬼女になる）、ワキが山伏（東光坊祐慶）、ワキヅレが同行の山伏、アイが随行の能力である。諸国巡礼の旅に出た熊野の山伏祐慶とその一行は、陸奥国安達原で老女の住む小屋に一夜の宿を乞う。老女は自分の身の上を嘆きつつ語り、枠桛輪（糸車）で糸を繰りながら歌を歌う。夜更けに老女は、自分の留守中に寝所を覗かないように言い、薪を集めに外へ出る。しかし能力が寝所の中を覗くと大量の死体があった。山伏一行はこの老女が黒塚に住む鬼だと悟って逃げ出すが、鬼女は正体を知られ憤怒の形相で追ってくる。山伏は鬼女を調伏し、鬼女は自分の姿を恥じて去る。前ジテの老女は、『源氏物語』の六条御息所の零落したイメージを重ねられており、『源氏物語』との関連はつけやすい。そこで、『源氏物語』からの発展学習に、謡曲および『黒塚 Sept.』を用いることを発想した。

『黒塚 Sept.』は、2009年の夏、新型インフルエンザが流行し、全国的に休校が相次いだ頃に書かれた作品である。以下、その概要を記す。舞台は「ぶっち」と渾名される女子高校生の自室。彼女は演劇部に所属しているが、学校はインフルエンザのため９月になっても休校が続いており、演劇部の大会に向けての練習ができない。そこで彼女の部屋で大会出場の準備をすべく、部活の友人（男子同学年「かに」、女子同学年「なっちゃん」、女子後輩「うっしー」）が集まってくる。ぶっちは女子らしからぬボサボサ頭で、部屋の中は非常に汚く、また部屋には糸車がさりげなく置かれている。ぶっちには「かずちゃん」という想像上の友達がおり、周囲の人物もこのぶっちの妄想に合わせて話をしている。『黒塚』を下敷きにした台本を作ろうという相談を始めるが、時折ぶっちの弟が無言で部屋に入ってきて漫画本を取って出て行くシーンが入り、その際は友人たちがストップモーションになって動かなくなる。弟が出て行くと人物たちはまた動き始めるが、ぶっちが思いを寄せるかにが、なっちゃんと２人で買い物に出かけたとき、うっしーが「あの２人、いつから付き合っているんですかね？」などと言うと、舞台上は照明と音響が怪奇的な雰囲気に一変し、ぶっちが回す糸車の糸でうっしーが首を絞められているシーンが入る。また、２人で買い物に行ったはずが、かにだけ帰ってくるなどして、１人ずつ人物が減っていく。やがてラストに近いシーンで、再び怪奇的な雰囲気の中になっちゃんが現れ、「ぶっち、部屋片付けなよ。この部屋、やばいよ。」と語る。そして弟がまた入って来るが、その際、彼女の部屋の扉には「南無妙法蓮華経」などと書かれたお札がたくさん貼られている。ぶっちは弟を罵るが、弟は姉に「学校行けよ」という一言だけをぶつけて去る。１人になったぶっちは虚空を見つめ、やがて笑顔で「あ、かずちゃん」と呼びかけたところで幕となる。この作品では、現実は弟の入ってくる場面のみであり、それ以外は不登校になっているぶっちの妄想である。心の中に鬼を抱えてひきこもっているぶっちは『黒塚』の鬼女。友人たちはこれまで鬼女の犠牲になった被害者に該当するが、同時に旅の山伏や光源氏・葵の上に近い位置を与えられてもいると思われる。そして、弟が鬼女を調伏する祐慶に当たる。『黒塚』を下敷きにしながら、現代の高校生の心の闇を表現し、卓越した演出で言い知れぬ恐怖感を観客に与え、同時に鋭い説得力を持つ作品である。この作品なら国語の授業で用いる価値が高いと考え、上演ビデオを教室で見せることを念頭に置いて授業を構想した。

4　実践の概要

4.1　授業実施の条件

①単元名　「『源氏物語』と『黒塚』をめぐって」

②使用教材

教科書：『高等学校古典講読　源氏物語　枕草子　大鏡』（三省堂　2004年３月検定済）

プリント：謡曲『葵上』『黒塚』（『安達原』）（小学館『日本古典文学全集34　謡曲集二』より）

プリント：「『脱構築』について―『源氏物語』と謡曲を軸に―」（インターネット上のフリー百科事典 Wikipedia の「脱構築」のページから一部引用）

能楽DVDビデオ：『能楽名演集　黒塚　葵上』（NHKエンタープライズ）
高校演劇大会撮影ビデオ：『黒塚Sept.』

③実施期間・回数　平成23（2011）年6～7月　4回（『源氏物語』自体の講読に要する時間は含まない）

④対象　2011年度高校3年生選択古典講座2クラス（主に文科系志望者対象講座[2)]）。この2クラスはそれぞれ古典A・古典Bと称し、他教科とあわせた選択パターンの似た生徒で集団が作られており、能力別等の特別な編成は行っていない。古典Aは39名、古典Bは37名である。男女比も考慮に入れられていないが、古典Aは男子13名・女子26名、古典Bは男子16名・女子21名で、文科系であるため若干女子の方が多い。

⑤使用教室　普通教室（プロジェクターとスクリーンが常備されている）

⑥その他

この講座は3年生対象であり、全員が大学進学希望であるため、日常的には教科書の全文訳を毎回課し、授業では生徒の作ってきた訳文の確認を中心にしながら、発問－応答型の講義形式で展開している。2年次の「古典」から継続で使用している教科書がもう1冊あり（東京書籍『古典　古文編』）、『源氏物語』を中心にしながら、1単位分程度は別の作品も取り扱うことになっている。平成23年度は、年度の最初に『古事記』「倭建命」を扱い、それ以降は『源氏物語』に移行し、今回の課題に関連して主に「廃院の怪」（夕顔）と「車争ひ」「物の怪の出現」（葵）を扱いつつ、必要に応じ他箇所も参照した。

4.2　授業の実際

〈第1時〉

前時までに『源氏物語』の上記の3か所を読み終えているが、この3か所は全て六条御息所に関わる逸話となっている。夕顔が死んだ廃院で幻のように見えた女は、古来六条御息所のイメージで捉えられてきている。また、葵の上との車争いで恥辱を受けた六条御息所は、生き霊となって葵の上をとり殺す。これらの教材の内容を受けて、まず謡曲『葵上』を読み、『源氏物語』との違いを考えさせた。『葵上』のプリント教材は、小学館の全集本からのものであるため、全文訳がついており、これを参照すれば理解にはさほど困難は伴わない。

そこでこれは各自に読ませ、あらすじをごく短くノートにまとめさせた。謡曲『葵上』には葵の上本人は登場せず、一着の小袖で葵の上を表現しており、ここに六条御息所の怨霊が襲いかかるが、最終的に怨霊は小聖に調伏され、成仏していく。この話の展開を理解したうえで、これが『源氏物語』を原話にした再構成であることを認識させた。その際、やや大袈裟になるが「脱構築」という概念をプリントによって与え、芸術作品などの場合は本来的な意味の「脱構築」というよりは、「再構成」とほぼ同義であるとした。わざわざ「脱構築」という考え方を持ち込んだのは、これが現代文の評論などで時折目にする用語であり、この学問的な用語を提示することで、生徒の知的好奇心を喚起し得ると考えたからである。いわゆる進学校の生徒は、易しく説明するばかりではすぐ飽きてしまうので、若干難しい考え方を提示したうえで、わかりやすい形にして授業で用いることが有効である場合が多い。今回もそれを企図し、あえて「脱構築」という用語を用いた。

〈第２時〉

この時間は、まず能楽のDVDビデオで『葵上』の一部を、途中はかなりの早送りをしながら視聴させた。橋懸かりに登場した役者が中央まで来て言葉を発するまでいかに長い時間をかけていたか、小袖一着で表されている葵の上が実際の舞台上ではどのようになっているか、シテである六条御息所の面が変わって般若になる時の変わり目、それに最後の調伏のシーンを、説明を加えながらそれぞれ２分程度ずつ再生して見せた。全編をきちんと見せなかった理由は、一つには上映のための著作権処理を行っていなかったこともあるが、現在の高校生は能楽の極めてゆっくりとした動きや言い回しに適応できず、見せてもほとんど寝てしまう。それでは意味がないので、ごく短くさわりのみを知らせる形で能楽『葵上』を経験させ、舞台のイメージを作らせた。

続いて、今度は謡曲『黒塚』のプリントを配布し、前時同様各自に読ませ、ごく短いあらすじをノートにまとめさせた。そして、詞章中の地謡に「さてそも五条あたりにて、夕顔の宿を尋ねしは」とある箇所を取り上げ、古来ここより『黒塚』の前ジテである老女は、六条御息所が零落した姿を連想させてきており、葵の上をとり殺した六条御息所と、旅人を取って食う鬼女のイメージが重ねられていることを述べ、これも『源氏物語』からの脱構築と解することが可能であると説明した。そして、「次回はこの『黒塚』を脱構築したと言える高校演劇のビデオを見てもらいます。」と告げておいた。

〈第3時〉

『黒塚Sept.』のDVDビデオ視聴。高校演劇の大会には、1校の上演が60分以内というルールがあり、この作品も約60分ある。そのため、5分早く授業を開始し、5分遅く終わるという指示を前回の終わりに行っている。この日は授業開始以前に筆者が教室でDVDのセッティングを行う間に、生徒に以下の課題プリント（実物は縦書き）と原稿用紙を配布させ、上映直前に課題①の指示を行った。これについては授業では書く時間を取らず、次回までの提出とした。

三年古典ＡＢ（古文）学習課題　『源氏物語』と『黒塚』をめぐって

まずこれから、平成二十二年八月の高校演劇全国大会最優秀賞受賞作品

『黒塚Sept.』（くろづかセプテンバー）

群馬県立前橋南高校演劇部 上演　原澤毅一 作（顧問創作）

を視聴してもらいます。このお芝居は、平成二十一年の夏、当時新型インフルエンザの流行で全国的に休校が相次いでいた頃に作られた作品です。これを見た上で、次の二つの課題に取り組んでください。

【課題①　『黒塚Sept.』について】

すでに配布したプリントを参照しながら、**現代演劇『黒塚Sept.』は、謡曲『黒塚』をどのように脱構築したものと考えられるか。あなたの考えを八〇〇字以内で論じなさい。**なお、この場合の「脱構築」とは、プリント「『脱構築』について―『源氏物語』と謡曲を軸に―」でいう2の①の意味であり、「再構成」と同義に考えて結構です。

提出　古典Ａ＝七月一日（金）　古典Ｂ＝六月三〇日（木）

いずれも授業時

【課題②　新たな文化の創造について】

古典学習の重要な意義の一つに、「伝統的な言語文化を継承し、新たな文化の創造に寄与する」ということがあります。考えてみれば、古典は現在に至るまで、様々な形で新たな文化を生み出してきました。たとえば『源氏物語』や『平家物語』をとっても、その後の物語文学はもちろん、室町時代に

は能（謡曲）の素材となり、江戸時代には浮世草子や人形浄瑠璃・歌舞伎に影響を与え、近・現代でも直接・間接の影響を受けたものが少なくありません。

『黒塚 Sept.』は、古典である謡曲『黒塚』から直接の影響を受けて継承し、新たな文化を創造した作品の一つであるといえます。もちろん、戯曲にするばかりが文化の創造ではありません。あらゆる分野で古典文学を取り入れた文化の創造が可能です。そこで、第二の課題です。

あなたがこれまで学んできた古典文学作品を素材にして新たな文化的な創作作品を作るとします。その場合、どの作品を用いてどのような作品を作ろうと考えるか。その構想を八〇〇字以内で説明しなさい。なお、素材にする作品は古典文学であれば何でもかまいません。また、構想する作品のジャンルも、何でもかまいません。演劇はもちろん、小説や詩歌などの文芸作品、音楽、美術、工芸、書道、漫画、ダンス、映画、ゲームなど、あらゆるサブカルチャーを対象として結構です。**ただし、次の条件を守ること。**

条件　①あくまで言葉で構想を説明すること。

②たとえば「源氏物語」を脚色するだけといった類の、原作をそのまま違う形に変えるだけのものは不可。

③友人と相談して合同で構想をまとめるのも可とします。ただし、課題の提出は個別に行ってください。

④もし作品そのものを作りたければ作ること自体は大歓迎ですが、八〇〇字の構想を提出することを前提とします。これを出さずに作品だけ出すのは不可。

提出　期末試験の答案返却時まで。

（本当に作品自体を作る場合は、いつまでかかって作ってもかまいませんが、自分に許された時間との相談にしてください。）

60分弱の上演ビデオなので視聴後は既に休み時間になっていたのであるが、生徒たちには各自の受け止め方をめぐって盛んに話をする様子が見られた。

〈第４時〉

まず課題①を回収。これは「論じなさい」という指示にある通り「小論文」

の課題としたものである。この課題を与える前にも小論文の書き方に関する指導は行っているが、勤務校では国語科はもちろん各教科で論文形式のレポートを書かせる課題が非常に多いため、概ねしっかりとした文章が書けていた。『黒塚 Sept.』の解釈について唯一の正解を求めたわけではないので、筆者が意図した内容の記述になっていなくても、よほど外れた内容でない限り論理的に述べられていればよしとした。(提出された小論文の例については【資料１】参照。)

その上で、課題②に取り組ませた。この時間は１学期の期末考査前の最後の授業である。課題②は、「自分一人で取り組んでもよいし、席を移動して友人と共同で行ってもよく、その人数も自由。」とした。結果として１名で取り組んだ者と２～３名で取り組んだ者が半数くらいずつになったが、それ自体にはこだわる必要はないと考え、生徒の自由に任せた。この課題の提出期限は、期末考査終了６日後の答案返却のみの授業時（古文は15分間）に提出するものとした。(提出された作文の例については【資料２】参照。)

4.3　各課題のねらいと評価について

課題①には２つのねらいがある。第一は、２つの作品を比較しながらその特徴と違いを理解し、論理的に述べる力をつけることにある。これにより、文章表現力とともに深く考えて鑑賞することのできる素地を身につけることを目標とした。第二は、「脱構築」という概念を用いつつ、古典に材を取った現代の作品がどのように再構成されているかを意識し、これに基づき自ら新たな文化を創造する力を養うことにある。この課題①をやったからこそ、課題②が充実した内容になると考えられるからである。

課題②は、今回の実践の眼目である。実際に古典を基にして新たな文化の創造を志向することをねらいとしている。ここでは前掲の課題プリントの指示にあるように、あらゆるサブカルチャーを対象としてよいとしたが、これは西尾(1951）でいう「発展形態」を意識したものである。ただし、実際に絵を描くとか作曲するとかゲームを作るなど、国語科の課題としては馴染まない成果物を提出させることは難しい。まして、演劇やダンスを実際に上演するなどは不可能である。そこで、「どのような作品を作るかの構想を言葉で説明させる」という指示にした。これにより、国語科の課題として成立させ、かつ非言語的なものを構想する場合でも言語化して説明するという比較的高度な活動になり得るからである。提出されたものには、数としては「現代小説を書く」ものと「現代戯曲を作る」ものが多かったが、これらは古典文学を原作としてその現代版を作るという点では同様のものであり、800字説明もあらすじを述べれば済んでしまうため、やや平凡な印象を受ける。一方、美術のコラージュや創作ダンス、フィギュアスケートの演技などを構想した作品には、かなりの創意工夫と言語化する際の苦心の跡が見られ、興味深いものとなった。

評価については、課題①は論理的に、課題②は分かりやすく述べられたものが提出されていればよしとして、1学期の成績を出す際に平常点に加えた。内容によって点数に差をつけることはしていない。ほとんどの生徒がきちんと提出したので、大きな差がつくものにはなっていない。

5　今後の課題

最後に、今後の課題を2点挙げておきたい。

まず、高校演劇の上演ビデオを使用した点について。筆者自身が演劇部の顧問を務めているため、その縁で『黒塚 Sept.』を知り、その映像を用いることができたのは最大の幸運であった。同様のものは、例えば三島由紀夫の『近代能楽集』によるプロの上演もあり、費用をかけて著作権処理を行えばこれも使用可能である。しかし、プロの作品の場合は概ね上演時間が長く、数回に分けて見せるかダイジェストで見せるかしなければならないため、視聴する時の効果が著しく落ちるのが欠点である。これに対し高校演劇は60分以内であるため、少し無理をすれば1回の授業で見せきれる点、有効である。しかし、『黒塚 Sept.』のような優れた作品はなかなか現れない。こうした優秀な作品をいかに発掘し確保するかは大きな課題であろう。

次に「教科の壁」がやはり大きいという点について。「新たな文化の創造」というときに、それが言語文化の創造に限らないことは言うまでもないが、「総合的な学習の時間」でもない限り、国語科の中で生徒に要求できる課題は、常識的には言語を伴うものに限定されるであろう。今回の、作品の構想を言葉で説明するという課題は、ある程度はこの制約を解消し得るものである。しかし、もっと教科横断的な課題が出せれば生徒の活動の幅が広がるであろう。他教科との連携によって言葉での説明を超える活動ができるようにする方向を模索したい。

【資料1】『黒塚』の脱構築に関する生徒の小論文例

① A・T

謡曲『黒塚』の脱構築には三つの段階が存在する。第一段階で元の作品に則した要素が取り上げられ、第二段階で元の作品と少し異なる要素、第三段階で完全に異なる要素が付加されている。まず第一段階において、両作品に共通するのは、主人公の女の恋煩いから生じた怨恨が、関わった人の命に影響を与えるという主題である。他に元の作品と共通する要素として主人公の家が人里離れた所にあり、黒塚を彷彿とさせることが挙げられる。

第二段階において付加された要素の特徴は可視化、可聴化である。主人公の家が灰色で黒い屋根であることや鬼の寝所に札が貼ってある設定のもと、終盤で主人公の部屋の扉に札が貼ってあることが可視化である。また主人公の心情の変化に伴って天候が変化し、蝉や虫の声の種類も変化していることが可聴化である。糸繰り機を繰りながら歌うことはなかったが、その代わりとして音楽をかけ、主人公の心情を示している。

第三段階において重要なのは、場面設定の変化と配役の変化である。主人公が黒塚の鬼に相当すると仮定すると、私たちは黒塚の中から話を見ていることになる。主人公が嫉妬している、同じ部活で恋仲の二人は光源氏と葵上であり、後輩は能力、弟は祐慶に当たる。マンガを取りに来る弟は黒塚に現れる僧で、最後には調伏されるのである。元の作品と大きく異なっている点は、主人公の家、つまり黒塚に来た人の数が減っていく点と、主人公が鬼女ではなく、精神を病んだ少女である点だ。元の作品では実体を伴わない六条御息所の霊魂や鬼が主人公であるが、脱構築によって実体を伴った、精神を病む少女に変わっていることによって、より現実味が増しているのである。謡曲『黒塚』は鬼を調伏する仏教の称讃が主であるが、主人公を私たちにより近い存在として位置付け直すことで、私たちの身近にもそのような鬼が潜んでいて、誰もが鬼になり得ることを示唆している。

② Y・H

『黒塚 Sept.』は、謡曲『黒塚』を解体し、その中から要素を選び、自分たちの日常生活の中に組み入れ、再構成したものであると考えられる。

『黒塚』で印象的なのは、悲しい自らの身を嘆き糸車で糸をつむぐ女鬼、無残な死体で溢れた、劇中では札が貼られたことになっている鬼の寝室、絶対に部屋をのぞくな、という女の言葉だろう。劇は新型インフルエンザで夏休みの後も学校が始まらず、鬱々とする副部長から始まる。長い髪は乱れ、部屋は物で溢れて汚い。一人ずつ相談のために部員が集まるがしばしば不自然な間が入る。副部長と後輩が二人になったときの首に糸をまき糸車を回して後輩が苦しむ場面や、部長と聞く音楽が叫び声になる場面、一人ずつ消えてゆく部員、最後部屋の扉に貼られた札、弟の「学校行けよ。」の言葉。これは全て黒塚の要素をもとにしていると考えられ、副部長と女鬼を重ねていると考えられる。乱れた髪と異和感、糸車や叫び声は不気味な鬼を表し、乱雑に置かれた多くの物、汚い部屋は死体で溢れる寝室を想像させる。札に言及することで視覚的にもそれを感じさせ、外と隔離されているようにも感じさせる。「学校が始まれば」と言いながら「学校行け」と言われる矛盾は自らの身を嘆きながらも人を襲う女鬼と重なり、一人ずつ消えてゆく部員は「昔は華やかだった」と語る女鬼の、今の状態となるまでを暗示したものではないだろうか。

このように、『黒塚 Sept.』では現代の日常の中に謡曲とつながる部分を見つけて取り入れている。変わってしまう自分や世の中を憂いながら、人間として変わらない心の深層も感じさせ、一人の人間の中にも相反する感情を垣間見ることができる。つまりこの作品は、『黒塚』を解体し、要素を自分達の日常生活に取り込むことで変化の中に不変を、不変の中に変化を見いだそうとしたものと考えられる。

【資料2】「新たな文化の創造」に関する生徒の作文例

① M・I

古今和歌集仮名序を題材とする。生きとし生けるものがその生命を謳歌し、紡がれて重なり合う歌声が天地を、鬼神を、そして男女の運命を動かしていく幻想的な世界を、創作ダンスで表現する。

初め舞台中央、混沌とした光の渦の中に一人の少年または少女。中性的で着物風の衣装をまとっているが、変形してところどころ破れ、植物がデザインされている。おもむろに笛を取り出して吹き、その鮮やかな音色とともに照明は明るいスポットライトになる。少年は全ての生命、笛は声、歌、言葉の象徴である。この中のもやを歌に昇華させたとき、舞台上の世界は広がり、動き出す。「やまと歌は」前半を笛を吹く間に朗読し、うぐいす、蛙の声をきっかけに穏やかだが力強さを秘めた音楽が聞こえだす。少年は常に舞台上を渡っていく。

舞台上手・下手に二枚ずつ設置した身長ほどのスクリーンで、様々な動物の手影絵を映し出す。近づけておいた光源を離していき操る人間と同化させた後、人間が舞台上に飛び出していく。四ヶ所でそれを繰り返し、次々に集まって来て低く伏せ、全体で大きな塊となる。大地、海、母のイメージ。絶え間ない笛の音と音楽に合わせて波打ち、盛り上がり、なだれをうって砕け散る。音楽は速く、激しくなり、太鼓が鼓動のように響く。鬼神、父をイメージした力強く躍動感ある群舞。天地の群舞は曲線と流れを強調し全体でカノン的動きを多用するが鬼神の群舞では個々が独立し、ユニゾンまたは同時多発的なソロパートを主とする。

音楽が途切れ、舞台両端にいる男女が浮かび上がる。笛の音に互いが引き寄せられ、ゆっくりと歩み寄る。二人のダンス。水の中で揺らぐように互いに影響し合い、自由でかつ関係性がある。ターンとリフト。組を増やして舞台全体で踊り、次第に去っていき最後に笛の音と笛だけが残る。

② A・N

私は、太安万侶が編纂した「古事記」の上巻を元に、「あめつちのはじめのとき」と題して、美術のコラージュ技法を用いて画集を作ることにした。

「古事記」を選んだ理由は、おとぎ話のような内容で親しみやすかったからである。その中でも、天地開闢から様々な神話が生まれ万物が創造されていく上巻の説話を元に、無からの世界の創造または、破壊と再生を繰り返す宇宙を考えながら表現したいと思う。

この、一から世界を、文化を造り直していくという点において、今回の東日本大震災からの復興への希望というテーマが連想されたので、そちらも念頭に置きながら構想する。

まず、はじめのページは、「無」と「混沌」の様子を表す。津波で何もかもなくなってしまったが、大量の瓦礫は静かにそこに存在しているという情景を浮かべる。一枚の真っ黒な紙（「無」を表す）の上に、透ける素材の紙を重ね、その紙に日常の破片を散りばめるように絵の具や糸、布、ボタン、写真の一部等をコラージュする。それで、混沌と無の紙一重を表現する。

それから天地が分かれ、島ができ、国が造られ、万物を生む神々が生まれる。これは、亡くなった方々をしっかり天に送り生きている人々は地を踏みしめるイメージで、再び町が戻っていく様子を思い浮かべる。青空の写真やキラキラした薄い布、空に手をかざす手や地を踏む足の写真、砂利、初めの瓦礫の材料などを使って徐々に復興していく様子が表せるように何枚も画面を作りたい。

最後に伊耶那美の死による国産みの中断（復興の妨げ）と伊耶那岐の黄泉の国での穢れを禊で落とし、天照大御神などを生んだ所を、原発と放射能汚染という穢れを禊ぎ、本当に晴れ渡る青空を被災地に見るという景色に例える。これも暗→明を基本に工業的な素材と透明感のある素材を用いて、最後に希望が見られる絵を作りたい。

〔注〕

1）演劇部の大会は、都道府県により若干の違いはあるが、概ね地区大会（市区町村がいくつか集まった「地区」の出場希望校全部が上演する）から推薦された学校が各県の県大会に出場し（例えば東京都の場合は220校あまりの学校が６つの「地区」に分けられており、そこから各４校が都大会に推薦される）、更に上位２校に入った学校が地方別のブロック大会に出場し（例えば東京都の場合は原則２校が都大会から関東大会に推薦される）、更に各ブロック大会から１～３校が全国大会に推薦されるというシステムになっており、全国大会出場校は日本全国でわずか12校である。

2）2010年度にも、3年生の2学期に予備実践的に同様の授業を実施したが、この際は実施時期が遅かったため、新しい文化の創造に関する課題は課しておらず、謡曲『黒塚』から『黒塚Sept.』への脱構築のありようを分析するのみで終了した。ただしこの時の分析の様子を見て、翌年度の1学期には今回の授業を実施できるという感触を得た。

[付記]

『黒塚Sept.』のビデオの使用については、原澤毅一氏より個人的に許可をいただきました。記して感謝申し上げます。

3 文部科学省のコミュニケーション事業による演劇を導入した実践の総括的検討――高校国語科としての台本創作と上演発表を振り返る――

1 本節の目的

本節は勤務校東京学芸大学附属高等学校における、標題に関する過去5年分の実践の総括的な報告・検討を目的とする。筆者の授業は、文部科学省が2010年度から実施している「児童生徒のコミュニケーション能力の育成に資する芸術表現体験」[1]（通称「コミュニケーション事業」。以下、「本事業」）に、2011年度より7年連続で採択されている。1年目と5年目は現代文分野で実施したもの、2～4年目および6～7年目は、古典分野で実施したものである。本事業の説明は文科省のウェブサイトに掲載されているが[2]、要するに、コミュニケーション能力の育成に資するために、芸術各分野の実演家（以下、「アーティスト」）を派遣して教師とワークショップ（以下「WS」）等のチームティーチングを行うことでその効果を上げるものである。実施に当たっては、条件として「教育課程に位置づけられること」が求められ、あくまでも各教科等の、正課の授業の中で実施することになる。

ただし、その授業の目標が「コミュニケーション能力の育成」のみになることはあり得ない。各教科の固有の目標は当然ある。筆者は本事業が趣旨として掲げるコミュニケーション能力の育成を目標の1つに入れながらも、各年度とも別の目標に力点を置いて実施してきた。今回はそれを総合的に報告したい。なお、本節初出の浅田（2017）執筆時には、まだ6年目の実践が終わっていなかったため、本節でも5年分に絞って検討することとする。

2　1年目の実践──先行実践（現代文分野）をアーティストとの協働で

2.1　先行実践

浅田（2008b）がこれの先行実践にあたる（第1章[5]参照）。話し言葉教育の一環として、語用論の理論の基本を生徒にわかりやすい形で示して会話に関する言語認識の育成とその深化を目的として、語用論を意識した短い会話台本をグループ作業で作り、学級で上演した上で、語用論上の工夫したポイントを説明する、というものである。この実践は、2006年度を皮切りに3回実施してきた。だが、その中で物足りなさを感じるようにもなってきていた。それは、生徒の作る台本の大半が、受け狙いで面白おかしいだけの台本を作る方に腐心し、語用論的な認識を深めることが二の次になっていたからである。そこへ、2010年度から始まった本事業にNPO法人PAVLIC（パブリック）のご協力をいただけることになり、翌2011年度に応募して採択された。この申請の時は、言語認識を高めることと併せ、コミュニケーション能力の向上を目標の第一項に掲げて採択されている。2011年度は、2年生の現代文を4クラス担当した。本事業では授業で行われるWSの回数が12回までとされているため、各クラス3時間ずつである。なお、最終回の発表を時間内に済ませるため、各クラスとも6班（1班あたり7名程度）となった。これはその後も変わっていない。班の人数がやや多いが、時間的な制約のためやむを得ないものと考えている。

2.2　実践の概要

これは、語用論の基本（グライスの「協調の原則」とリーチの「丁寧さの原理」を中心に易しくまとめたもの）を学んだ後で、各グループで「その時たまたま思いついた言葉を並べ、それを必ずその順序のまま用いながら、肉付けして3分以内に終わる台本を作って発表する」というものである。

第1時　「語用論」についてのプリント学習。筆者による講義が中心。

第2時　アーティストのデモンストレーションを参考に、各人がたまたま思いついた言葉を1～2語ずつ必ず出し、それをその順番で使うように、人物・場所・ストーリーを組み立て、第一次台本を作る。

第3時　各班とも第一次台本を読み上げる発表（リーディング発表）を行い、アーティストからコメントをもらう。その後、アーティスト側で用意した長めの台本と、無駄をなくして短くした台本による演示のデモンストレーションを見た上で、「語用論」を意識しながら無駄な会話を削る方向で台本を推敲する。

第4時　各班の発表（リーディングではなく台詞を覚えて実際に上演）とそれに対するコメントおよび振り返り。

ここにおいて特筆すべきは、授業の計画に「偶然性」を積極的に導入する、というアーティストの発想である。授業は意図的に計画されるものだが、「意図的に偶然を取り入れる」という発想は、我々教員にはあまりない。ここでは、「たまたま思いついた言葉」同士には何の関係もないが、その無関係な言葉だけでも、プロの俳優たちならあたかも関係ある会話であるかのように読むことができる。だが一般の高校生にはそれは無理なので、言葉の前後に肉付けをしてもよいものとした。しかし、無関係なものに関係性をつけて、しかも少ない分量に収めた台本を作るのは、存外難しい。そしてここでは、この「無関係な言葉を必ず順序通りに入れなければならない」という条件が、「受け狙いで面白おかしいだけの台本」に走らないようにするための歯止めになるのである。しかもグライスの語用論の学習では、「会話はコンテクストに依存する」という面に力点を置いたので、生徒は場面を具体的にイメージしながら、言わなくても済む言葉を削りながらも、全体としては繋がりのある話にしなければならない。この作業には各班とも知恵を絞る必要があった。しかも、一見無関係なものの間に関係性を見出す力は、全ての学術研究や芸術的創作の基盤になるので、この力を育てる授業はこれ以降も毎年続けている。

もう一つ、特に国語科教員に発想しづらいのは、「生徒作品を多面的に見る」ことである。往々にして国語の教員は、生徒が何か作品を創作した時に一種の文学的な「模範形」をイメージし、そこから外れたものを高く評価しない傾向がある。しかし、生徒の作った作品に対するアーティストのコメントは多彩であり、「あ、これはギャグ漫画ですね。『天才バカボン』と同じです。」とか、「これは現実にはあり得ない話ですけど、シュールなファンタジーとしてはすごく面白いですね。」といった褒め言葉が次々に出てくる。これは筆者にとっても極めて勉強になるもので、いかに作品に対する自分の見方が狭かったかを思い知らされた。

コミュニケーション能力の促進という意味では、この年は「E組５班」に属する一人の抽出児（男子）の存在に特に注目した。この生徒は、本事業による授業が始まる前に、筆者に対して「僕は演劇なんか絶対にやりたくないんです」と訴えてきた生徒である。実際、グループ学習でも非協力的で、班での話し合いにも最初は参加していなかったが、アーティストが各班にアドバイスを行っていくうちにだんだんと参加していくようになり、ついには発表日に自分の役を演じきるに至った。普段とは異なる大人たちが授業に入ってくるという非日常性の効果ももちろんあるが、何よりアーティストによるコミュニケーションの促しが大きく功を奏したものと考えている。勤務校ではほとんどの生徒が高いコミュニケーション能力を有しているが、時折このような生徒も混じっており、全体の言語認識を深めることと合わせて、こうした生徒のコミュニケーション能力の向上が見て取れた。

2.3　生徒作成台本例――E組５班の抜粋

学校の運動会。昼休み前最後の競技、騎馬戦の決勝戦が始まる。

Dは審判、Aは出場者で、それぞれの位置についている。B・C・Eは観戦者。

D	これから、騎馬戦の決勝戦を行います。位置について、よーい、（ピストルを構える）どん！
A	（Aは騎馬の上に乗っている）**行きます！**　あー、わー！（Dの方に騎馬が崩れて来る）
D	きゃあ！
E	あっちゃあぁ…。
B・C	やった！
D	（体勢を立て直して）**ばん**、ばん、（試合終了のピストル）赤組の勝利！　これで午前の部を終了し、お昼休憩にします。解散！

場面が変わり、昼休み。A・B・C・Fは一緒に、Eは一人で弁当を食べ

ている。Dは午前の片づけをしている。

A　　　（弁当を開けて）あー、**箸**！

F　　　（弁当を開けて）あ、お母さん**塩**忘れてるし。

B　　　ねえ、ごま塩ならあるけど。

F　　　あ、ごめん。

Eのところにどこからか猫が寄ってくる。

E　　　（猫に気づき）あ、**猫ちゃん**だー。かわいー。おいでおいで。にゃー、おいで。（猫をなでる）

AとC、猫とじゃれるEに気づく。　（後略）

ここには台本の前半を掲載した。太字は「たまたま思いついた言葉」である。抽出児の男子は「F」の役を見事に演じきった。

2.4　評価

本事業では発表会等の終了時に「振り返り」を行うことが必須とされ、通常は口頭で行われる。そこでは、「楽しかった」「言葉の仕組みに敏感になった」「またやりたい」といった発言が各クラスから出されていた。

なお、各班の台本や上演の状況を点数化して成績に入れるような、狭義の評価は行っていない。自身の聞く態度や活動に向かう姿勢については、以降のどの年度も最終的に簡単な自己評価票を書いて提出させている。

3　2年目の実践——古典分野での演劇WS①

3.1　実践の年間計画

2年目は1年生の現代文2クラスと古典2クラスの両方を担当した。担任学級で古典を担当したため、本事業も古典分野で行うことになった。2クラスで年間12回のWSは6回ずつになる。しかしこれを一時期に全部やってしまうと定期考査への影響が大きい。そこで、1学期（6月）に3回ずつ、2学期（10〜11月）に3回ずつ、積み上げ式に分けて行うことにした。そのため、1学期は「リーディングパフォーマンス」（朗読の一種だが、身振り手振りを入れ、創作性および演技の自由度を高くするもの。場合によりテクストは暗記しておいてもよい）、2学期はこれを基礎に、「歌物語の創作と上演」に取り組むこととした。

3.2　リーディングパフォーマンス

3.2.1 「リーディングパフォーマンス」を体験する

1年生1学期後半、古文のリズムに慣れてきたところで、棒読みではなく人前で演技をしながら声に出すことと、それを2学期の「歌物語の創作と上演」の基礎にすることを目的に、この WS を行うことにした。当初は「朗読・群読」を考えていたが、いわゆる普通の朗読や群読ではやはりある「模範形」を想定してしまうので、生徒たちの個性が活きにくい面もある。そこで、アーティストの中のリーダーわたなべなおこ氏（ファシリテーターを務めている）との事前の打ち合わせでリーディングパフォーマンスに変更した。題材は授業で扱った『徒然草』とし、これをグループの全員で演劇の台本のように、演技をしながら発語するものである。

第1時　アイスブレーキングの後、アーティストによるデモンストレーションを見る。

第2時　6つのグループごとに、どのように読み方を工夫するか相談・計画する。

第3時　アーティストの演出付けを含めた練習と、本番発表。

3.2.2 リーディングパフォーマンスの評価

語用論の場合と同様、振り返りを行う。「楽しかった」「うまくできなかった部分があって悔しい」「朗読にもいろいろなものがあると知って興味が湧いた」といった前向きな振り返りが多かった。これも点数化等は行っていないが、定期考査では「自分たちが担当した文章を読む際、どう工夫したかを述べなさい。」という問題を出し、きちんと書けていた生徒にはその問いの満点を与えている。ほとんどの生徒がきちんと書いていた。

3.3　歌物語の創作と上演

3.3.1　WS に至るまで

2学期の古文は前半に『伊勢物語』、後半に『古今和歌集』を扱うことになっていた。筆者は教科書の短歌の単元は、従来よりグループで調べさせたり、朗読をさせたりしていた。そこで今回は、教科書に収録されている短歌に、筆者が選んだものを合わせて、季節の歌10首、恋の歌10首、その他の歌6首を対象とし、6グループ（1学期のグループとは異なるものに再編成）にそれぞれの種類から1首ずつ計3首を抽選で割り当て、それを用いて現代語の歌物語を作らせた。その際は『伊勢物語』の学習が基礎になる。そして本章 2 で述べた、「古典学習を新たな文化の創造に資する」ことを1年生にも体験させることを、最大の目標にした。

『古今和歌集』の概説の後でグループ分けを行い、歌を抽選で割り当てる。抽選なので、それぞれの歌には何の関連もない。しかし、それを繋いで歌物語にするため、ストーリーを考えなければならない。その次の時間にはグループでストーリーを考え、台本化し、それをファシリテーターに送っておいてからWSに入った。

3.3.2　第1時　リーディング発表

筆者が書いたサンプル台本をアーティストがリーディングして見せた後、各班のリーディング発表を行う。各班にはアーティストからコメントを与える。

3.3.3　第2・3時　リライト

第2時は筆者が書いたサンプル台本をファシリテーターとともにリライト（書き直し）しておき、それをアーティストがリーディングした後、6つの班に1名ずつのアーティストがついて、リライトのためのアドバイスを与え、それに基づいて各班で話し合う。（後掲［補説］参照）

第3時は筆者だけの授業で、各班の台本のリライトを完成させ、近くのスペースで練習することまでが目標。

3.3.4　第4時　上演発表

アーティストが各班について上演のための練習を10分程度やったうえで、各班3分以内を目標に上演し、最後にお互いの発表を振り返る。

〈生徒創作台本例――D組4班の抜粋〉

「The stars」
【登場人物】
千晶（女）　亮太（男）　伶南（女）　ゆうち（男）
（以上は全員中学二年生）
先生　　朗唱者　　（浅田注：役名は渾名などに基づく創作。）

（前略　亮太に恋する伶南が千晶の応援を得て亮太の恋人になるが、亮太は気乗りしていない。）

伶南　ねぇー。亮ちゃん。今日で付き合って八ヶ月だね。…あっ、てかそろそろクリスマスじゃん。一緒にディズニーランド行きたいなぁー。

亮太　…ああそうだね。行こっか。（あまり乗り気でない。）

クリスマス当日。千晶はクラスメイトのゆうち達と遊んでいた。

千晶　ねぇーゆうちー。何で恋人達の集う日に私ゆうち達と一緒にいるんだよー。おかしいだろー。

ゆう　…あっあれ星と森泉じゃない？

千晶　あの二人は華やかで楽しそう。

朗唱　みな人は　花の衣に　なりぬなり

千晶　伶南と亮太が幸せそうで嬉しいはずなのに…。

朗唱　苔の袂よ　乾きだにせよ

千晶　何でこんなに寂しいの？

ゆう　それってさ、星のこと好きなんじゃね？

千晶　まさかぁー。亮太なんて恋愛対象じゃないし。

ゆう　いい加減に認めろよ。お前小学校の時は「亮太と結婚する！」とか言ってただろ。

千晶　あれはネタだっつーの。…でも、認めたところでもう遅いよね。今の関係壊したくないし。伶南と亮太が付き合ってから気づくとか、私最低。

ゆう　気持ちを伝えるのに遅いも早いもねーよ。クリスマスなのに俺たちなんかと一緒にいるの嫌だろ？

千晶走り去る。

朗唱　いたづらに　行きてはきぬる　ものゆゑに
見まくほしさに　いざなはれつつ

千晶　ごめん、会いたくて来ちゃった。…ってあれ？何で？今日は伶南と過ごすんじゃなかったの？

亮太	さっき別れた。伶南はいい子だった。でも半年の間一緒に過ごして、やっぱ隣には千晶がいなきゃ駄目だって思ったんだ。あいつと付き合ってからお前への気持ちに気づくなんて、俺最低。
千晶	…好きだよ。私、亮太が好きだよ！
亮太	俺も、千晶が一番好き。
	場面は教室に移り変わる。風が強く吹いている。
朗唱	山里は　秋こそことに　わびしけれ　鹿の鳴く音に　目をさましつつ
先生	長谷川さん！　こんなに北風が強く吹いていてうるさいのに、よく爆睡できますね。
千晶	…ああっ！はい！すみませーん。…夢だったんだ。
亮太	最後の方とかすごい嬉しそうな顔してたよ。どんな夢を見てたんだよ？
千晶	私が、自分の気持ちに気づく夢。…ねぇ、亮太、
亮太	ん？

3.3.5　歌物語作りの評価

歌については、古文のまま使っても、歌意を理解した上で現代語の詩のようにして使っても良いものとした。歌の中身がわかっていれば、あえてその世界を崩して使うことも可とした。

この授業では、古典を題材にして新たな言語文化を創作していくことが主眼なので、作られた話は出来の良いものであるに越したことはないが、台本の出来具合による評価はしていないし、上演の技量による評価も行っていない。作品が出来て上演ができれば基本的には良く、点数化も行っていない。期末考査では、抽選で選ぶ対象になっていた26首の歌全部の内容を試験範囲として、それを問う問題を出題した。

4　3年目・4年目の実践――古典分野での演劇 WS ②③

4.1　3年目の実践概要

実は2年目の実践の際、古典の WS と並行して、現代文担当の2クラスでは、前年の実践と同様のWSを、若干無理はあったが筆者が1人で実施した。つまり、2クラスが古典で歌物語作りと上演、2クラスが現代文で語用論による会話作りと上演を経験したことになる。学年全体では8クラスあり、筆者はそのうちの4クラスを担当していたわけである。

3年目は、2年に進級する際に元の8クラスが均等に混ぜられたクラス替えを行うため、新しく授業を担当したクラス（4クラス）には、1年次の古典WS経験者が1/4、現代文WS経験者が1/4、その他が1/2の割合で存在していたので、この年のグループ分けは、その1年次の経験者が各グループに必ず1～2名ずつ入るように分け、彼らの経験を活かしながら2年次のものに当たる形にした。

3年目は古文2単位分を担当し、教材は『新古今和歌集』を用いた、やはり歌物語作りとその上演である。この年からは定期考査への影響を考慮して、WSを11月に1回、1月に1回、2月に1回というように、間を空けて実施している。その過程で、抽選で選ばれた和歌を関連付けて話を作っていくことと、語用論を応用して自然な会話を構成していくことは、前年の経験者の知を活用し、互いに教え合うことを奨励した。かつ、3年目に加えたのが「影印本からの翻刻（の真似事）」「幽玄・余情妖艶といった新古今的歌風や技法をきちんと理解した上での取り組み」に加え、「ミュージカル風に作ることの推奨」である。これは、歌は根源的には節を付けて歌われていたものと考えられることから、国語科の授業といえども音楽的要素を排除する必要はなく、むしろ活用してよいと考えているからである。2月には最終発表を迎えた。評価は前年に準じた。

4.2　4年目の実践概要

4年目も2年生の古典を担当した。勤務校ではこの年から2年生の古典3単位を古文・漢文とも1人で両方担当することになったため、『古今和歌集』（1年次に未習）・『新古今和歌集』に、筆者が選んだ『和漢朗詠集』からの詩句を加え、これまでと同様に抽選で1つずつ選んで歌物語を作った。『和漢朗詠集』を選んだのは、歌物語作りのために使うにはちょうど良い長さのものが多く、かつ日本文学に直接的に影響を与えているものが多いので、以後の古文学習の中で踏まえられているものが多かったからである。

この年は２クラスのみを対象としたため６時間をWSに当てることになり、かつそれが10月から始まったため、これまで「時間のないグループは宿題」としてきたことや「発表に向けての練習」などを授業時間内に収めた。活動や評価はこれまでと同様だが、『和漢朗詠集』の詩句が詩の一部のフレーズに過ぎないことから、教養としては役に立ったが、漢詩を用いた部分には各班とも無理が出て不自然な台本が多くなってしまい、これまでに比べると失敗だったと言える。

5　5年目の実践――現代文分野での演劇WS②

5.1　実践の概要

５年目は１年生３クラスの現代文を担当した。現代文でのこれまでの実践では語用論を導入した話し言葉教育のみを企図していたが、今回は古典で行ってきた歌物語作りを応用し、漱石『夢十夜』からの発展学習で「夢の物語」を作ることを、語用論による話し言葉教育と併せて行うことにした。問題意識は古典と同様だが、今回では近代文学の中の古典的作品をも「伝統的な言語文化」と考えて、それを基にした創作活動を行った。

第１時　男女混合で７～８人の組を作り、『夢十夜』から連想する言葉（ただし作中にないもの）を１人６語ずつ考える。次に各人が考えた言葉をグループ内で言葉のイメージごとにカテゴリー分けを行う。そして各カテゴリーから１～２個ずつ言葉を選び、１グループにつき10個の言葉を選定する。

第２時　前回選んだ10個の言葉を入れた短文をグループで10センテンス作る。そしてそれらをセリフとして全て使う話を組み立てていく。メインの登場人物は３名以上。主人公は一貫性のあるキャラクターとし、内容は夢の話とする。以上をルールにメンバーで相談して物語を創作し、第一次台本とする。

第３時　作成した第一次台本をリーディング発表。その後、アーティストからの講評やアドバイスを受けて、グループで台本を推敲する。

第４時　推敲した台本を基に、アーティストのアドバイスで上演の練習を行い、１グループずつ上演発表。その後、アーティストからの講評と振り返りを行う。

5.2 創作台本例——D組6班

「ドロドロ大恋愛」

（浅田注。太字は選定された語、下線部はそれを含めて作った短文。）

【登場人物】 男　重女　爽女　妻　息子　爽女友　男友

朝起きるところから始まる。

【自宅】

《夢》

妻　（優しい感じで）ほら、**起きて！**　みんなでお昼ご飯を食べよう！

男　ん…（起きる）…あぁ、そうか（寂しげに）夢か。あいつはもう…

トンテントンテンと音が鳴っている

男　（欠伸をしながら）ん？　朝から**トンテントンテン**、一体何を作っているんだ？

息子　ママのプレゼント！（息子は母親が死んだということを理解していない）

男　…不可思議なことにママはもういないんだよ。（憐れむように息子の頭を撫でる）

息子　（納得がいかないように）**不可思議**って不可思議だね。あ、学校に行かなきゃ！

男　いってらっしゃい

男、外に出る。

【玄関の辺り】

爽女　おはようございます！

男　え…おはよう。（突然声をかけられて驚いている感じ）

爽女　（告白するような感じで）えっと、あの私、あっ何でもないです

爽女、そのまま走り去る。

男　あ、ちょっ！（手を爽女の方に伸ばしながら）…何なんだ？

【少し離れたところ】

爽女友　今の人誰？

爽女	私の憧れの人！　あの凛々しい眉にきゅんとしちゃった！　…どうにか振り向いて欲しいの（前半明るめ、後半暗めに）

【歩道】

　雨が降っている。

男	（歩きながら上を見上げる）…お前に会いたい

　前を向いて歩く男が雨の中たたずむ重女に気づく。

男	風邪を引いてしまいますよ。（ここで男は重女が妻だと勘違いする）…お前？お前なのか⁉（傘を差しだしながら）
重女	え？…あ、あの人違いではありませんか？
男	（ハッとしたように）あ……す、すみません。

　沈黙が続く（五秒くらい）

男	あの、お名前は？
重女	ふふそれはまた。（重女立ち去る。男は立ち尽くしたまま。）

【歩道】

男	妻に似ている人を好きになってしまったんだ。彼女の耽美で艶やかな姿に魅了されてしまった
男友	君の奥さんへの愛はもはや信仰の領域だね
男	ああ。彼女の幽玄な雰囲気にも惹かれたんだ
男友	（呆れ気味に）幽玄って何？　俺は仕事あるから。じゃあな！

【玄関の辺り】

男	あ、あなたは…（呆然）（帰る途中、自宅の前で重女と遭遇）
重女	少し、いいですか。（暗めに）
男	（ハッとしたように）ええ。

　少し沈黙（三秒くらい）

重女	…私ね、あなたの寂しそうな姿から目が離せなかった。…私もね寂しいんです。…ねえ、あなたは私の喪失をみたしてくれる？（誘うような感じで）
男	（肩に手をかける）

【朝】

	トンテントンテンと音が鳴っている。
重女	何かしら？
男	ああ、息子が妻へのプレゼントを作ってるんです。まだ早いのに…
重女	ふふ、午前五時、職人芸が発揮される時間帯ね。
	呼び鈴が鳴る
男	こんな時間にいったい誰だろう？
	男、外に出る。
【玄関の辺り】	
男	君は…どうしたんだい？
爽女	ごめんなさい、こんなに早くから来てしまって。でも、昨日女の人があなたの家に入っていくのを見てがまんできなくて…えっと、その…私、あなたのことが好きなの。奥さんのことを忘れられるまで私、いつまでも待つからね！
	その瞬間背後から爽女は重女に刺される。
重女	(男の方を見ながら) だめよ、他の人になんか渡さない。だって、あなたは約束してくれたでしょう？　…ずっと、一緒にいようね。ふふ、ねえあなた。私、幸せよ…　(終)

この作品は、初期の谷崎潤一郎を彷彿とさせる作風で、上演も見応えのある傑出したものであった。

5.3　実践の評価

この実践は、東京学芸大学世田谷地区の附属学校研究会で報告したが、その時のテーマが「きく (聞く・聴く)」に焦点化したものだったことと、勤務校がSSHおよびSGH-Aの指定校である関係でルーブリックによる評価を行う必要があった。創作活動とその上演発表の見方に関し、「きく」に焦点化してルーブリックを作るのは無理があったので、ルーブリック風の自己評価票を作り、そこに書き込ませた。その他は、従前の通りである。

6　まとめと今後の課題

最後に、この事業による一連の授業の利点と留意点について挙げておきたい。

〈利点〉

①絶対に教師一人ではできない授業が実現できる。

6名のアーティストが来て、各班に対しより効果的な助言が同時にできる。教師は全体を見渡しながら、普段から要注意な生徒を中心に、その生徒の活動状況を観察して、次に活かすことができる。

②非日常的な授業場面を作ることで学習への動機付けが効果的に行える。

①と不可分であるが、プロの演劇人が授業に入るという状況が、生徒の活動への動機付けに役立つ。

③専門家の目を導入できて、教員自身の視野を拡大できる。

芸術の専門家のコメントを聴いたり、事後のミーティングでの意見を聞くことによって、教師自身が普段の自分の授業や、教員同士の研修の中からでは得られにくい発想を得ることができる。

④確実にコミュニケーション能力が上がっていく。

普通の生徒はもちろん、コミュニケーションに問題のある生徒も毎年数名はいるのだが、活動に巻き込まれていく中で、彼等がこれまで苦手としてきたグループ活動などに、楽しく真剣に向き合う様子が見て取れる。もちろんそれを目的とするコミュニケーション事業であるのだが、アーティストがそのための研修を実施してきているので、効果は相当に高い。これは国語科としても意義のあることである。

⑤教科内容とリンクさせることで、効果的な「言語活動」（またはアクティブラーニング）が期待できる。

特に国語科の場合は教科内容の点で演劇との親和性が高い。そのため、演劇アーティストの経験を活かしながら、国語科の「言語活動」（またはアクティブラーニング）がより効果的に行える。

〈留意点〉

①演劇的活動を自己目的化しないようにする。

よく言われる通り、「活動あって学びなし」になっては「這い回る経験主義」と同じである。あくまでもこの活動が生徒の学びになるように、教師側が授業としての位置付けを明確にしておく必要がある。

②国の予算内で採択校数が決まってしまうので、必ずやれるとは限らない。

この事業の国の予算規模はわずかなので、申請時に、必然性のある計画書を出さなければ通らない。

③アーティストの人材は無尽蔵ではない。

アーティストなら誰でもコミュニケーション事業に携われるわけではない。そのための研修を受けた人たちでなければ、むしろ逆効果になることも懸念される。また、彼等の本業は実演家なのであって、その仕事の傍らでこれを行っている。最近の文科省は、地方であればその地方のアーティストを派遣するようになってきているので、そのための研修をどこの地方でも充実させることが望まれる。

④教師（または学校）とアーティストの人的パイプがないとやりにくい。

これの申請は、教師と当該アーティストに何らかの繋がりがないとやりにくい。国が適任者を紹介してくれるわけではないからである。また、「そもそも授業でどういうことを目指すのか」「そのために教師は何をやり、アーティストには何を担ってほしいのか」をアーティストとじっくり摺り合わせて、両者に齟齬が起きないようにしなければならない。アーティストは教科教育の専門家ではないのでそこをリードするのは教師側の仕事である。それができるような人的パイプを作る努力が、教師側にも求められる。

⑤ある程度の時間を要することを計算に入れておく必要がある。

単元学習などでも同じだが、相応の時間がかかる。そのために、年間指導計画に支障が起きる場合も出てくる。どうしてもやりたい教材と、それにかかる時間との兼ね合いで計画しなければならない。

このようなWS型の実践は、アーティストの協力がないと実現は難しい。しかし、授業を豊かなものにしていくためには教師側にいろいろな「引き出し」がほしいところで、こういった授業をやれるような教員養成や現職研修が行われることが理想的であろう。筆者は、かつて東京学芸大学の教職の授業の中でWS型授業を学生に体験させたり、勤務校での実践を東京学芸大学の「現職教員研修講座」として開いたりしていた。やがては教師一人でもある程度このような授業を計画・実施することを可能にすべく、教師教育の充実をも目指していきたい。

〔注〕

1）2017年度からは「コミュニケーション能力向上事業」と改称されている。

2）http://www.mext.go.jp/a_menu/shotou/commu/1289958.htm（最終閲覧日：2017/01/18）

［補説］

筆者が書いたサンプル台本は、わざと説明的に長くしてあり、性格設定なども明記していない。古典でこのWSを実施する時は毎年これを用いている。以下、まずそれを掲げる。

〈題材の歌〉

　春　紀貫之

桜花散りぬる風のなごりには水なき空に波ぞ立ちける

　恋　詠み人知らず

いたづらに行きては来ぬるものゆゑに見まくほしさにいざなはれつつ

　雑歌　凡河内躬恒

身を捨ててゆきやしにけむ思ふよりほかなるものは心なりけり

〈タイトル〉「春風の正門」　あさだたかき・作

〈メンバー〉

葛西貴大　男　高校１年生

青木瞳　女　高校１年生

大宮奈緒　女　高校１年生　　この二人は仲良し。

須藤えりか　女　高校１年生　　女子二人とは特に知り合いではない

朗読者　※朗読者は最初に簡単な状況説明も行う。

音声・小道具（風の音を出したり桜吹雪を撒いたりする。）

３月下旬。高校の正門。そばに桜の木があり、花が咲いている。

高校１年生の青木瞳が門のところに立っている。

やはり高１である葛西貴大が、近くの物陰から瞳を見ている。

貴大、深呼吸をして瞳に近づこうと一歩を踏み出すと、貴大の携帯が鳴る。

あわてて元の物陰に戻って携帯を見るが、発信者を確認したら、電話を保留にする。

「ただいま電話に出ることができません。しばらくしてからおかけ直しください。」

貴大、今度こそと思って一歩を踏み出そうとする。

すると、突如瞳が貴大の方に笑顔で手を振る。

貴大、びっくりして固まるが、嬉しくなって進もうとした時、貴大の後方から大宮奈緒が走って登場。瞳のもとへ走っていく。

奈緒　(走りながら) 瞳ー！

瞳　(笑顔で手を振りつつ) 奈緒、遅いよー！

奈緒　ごめんごめん、担任に呼び出されちゃってさあ。

瞳　えー、何言われたの？

奈緒　数学、補習だって！　もー、マジなえるんだけどー。

瞳　春休み中に？

奈緒　うん。もう最悪ー！

強い風が吹く。二人、「ヒャー」と言ってスカートを押さえる。

奈緒　今日すごいねー。(ふと、貴大に気づき) あれ、…ねぇ、あれA組の葛西じゃね？　何か、すごく見てる、こっち。

瞳　うわー、またか。(指さして) ストーカー。

奈緒　えっ？　えー、ヤバいじゃん。何か、殺されて自分も死んじゃったりとかしないかな？

瞳　大丈夫。見てるだけなの。(貴大に聞こえるように) あたしに話があるなら男らしく来ればいいのにさー。ほんとウザいわー。

貴大、近寄ろうとする。すると、うしろから須藤えりかに声をかけられる。

えりか　貴大！

貴大　え？　あ、えりか…。

えりか　何で電話出てくれないの？　あたし何かやった？　こないだも約束すっぽかしたし、さっきだって…。どういうこと?!

貴大　え、あ、ごめん、いや、でも…。

瞳　へぇ、彼女いるんだ！

奈緒　はー (笑)、これって、修羅場？

朗読　身を捨ててゆきやしにけむ思ふよりほかなるものは心なりけり

貴大　体から心が抜けていったんだ。自分じゃどうにもならなくってさ。

えりか　そんなことあるわけないでしょ！　何よバカみたい！

貴大　いや、今ちょっと大事な用があってさ…。

瞳　(いつの間にか近くに来ており) 何よ、大事な用って。

貴大　あ…。

瞳	いつもあたしのこと見てるよね？
えりか	マジで?!
貴大	え、あ、いや、違うんだ。
えりか	何がどう違うのよぉ？
瞳	あたしのことがほしいわけ？
奈緒	うわ、言うね、すごーい！
貴大	そうなんです！
女子たち	…えっ?!
朗読	**いたづらに行きては来ぬるものゆゑに見まくほしさにいざなはれつつ**
貴大	来てもただ帰るだけだと思うけど、つい会いたくて来てしまうんだ。
えりか	……（走り去る）
貴大	あ、えりか！
瞳	何よ？　どういうつもりなの？　二股かける気だったとか？　最低よね?!
貴大	違うんだ！
瞳・奈緒	？
貴大	（瞳に）青木さんに、どうしてもお願いしたいことがあるんだ。
瞳	…何？
貴大	うちの、陸上部に入ってほしい！
瞳	陸上部？
奈緒	あ…、たしかつぶれかかってるんだよね？
貴大	（うなづく）部員は僕だけ。だから、中学で関東大会まで出た青木さんに、どうしても入ってほしくて…。
瞳	…あたしがなぜ陸部に入らないのか知ってる？
貴大	（うなづく）半月板でしょ。
瞳	そう。あたしはもう陸上では使い物にならないの！
貴大	そんなことない！
瞳	え？
貴大	たとえ選手になれなかったとしても、僕や後輩に指導はできるはずだよ。もうすぐ新入生が入ってくる。だけど、僕一人じゃ男子も女子も来やしない。だから、どうしても青木さんが必要なんだ。陸上部の存続のために力を貸して下さい。お願いします!!（頭を下げる）
瞳	……あたしは、女の子の味方だからね。そんなに入ってほしいなら、

	陸上部員のその脚で、彼女を追っかけなさいよ。追いついて誤解を解いたら、考えてあげるから。
貴大	……（一瞬笑顔になってえりかを追いかけて行く）
奈緒	…勘違いだったみたいね。
瞳	…（貴大の去った方へ）バーカ。……でも、
奈緒	何？
瞳	（微笑）ちょっと、いいかも。
奈緒	…（微笑）うん。

　また風が吹く。二人、スカートを押さえる。

瞳	うわー、ヤバ。
奈緒	これ入学式まで持たないよね。
朗読	**桜花散りぬる風のなごりには水なき空に波ぞ立ちける**
瞳	（ふと見上げて）ねえ風で、花びらすごい。
奈緒	（見上げて）空がまるで波みたくない？　水はないけど。

　二人に花びらが舞い落ちてくる。　　　　　　　　　　　　おしまい

　これに対し、ファシリテーターわたなべなおこ氏の協力でリライトした台本は次のようなものである。これも語用論を踏まえており、言わなくても済むことは言わず、その代わり登場人物の性格設定等をしてある。生徒にはこのような作り方を心がけさせるための見本とした。なお、以下の台本は3年目の実践用に改訂した「ミュージカル風の台本」である。タイトルと原歌は省略する。

【登場人物】
葛西貴大（たかひろ）　男　高校1年生
青木瞳（ひとみ）　女　高校1年生
大宮奈緒（なお）　女　高校1年生
須藤えりか　女　高校1年生
朗読者
音声・小道具（風の音を口で出したり、花吹雪を撒く真似をしたりする。）
※朗読者は最初に簡単な状況説明も行う。
※瞳と奈緒は仲良し。→奈緒はおそらく瞳の過去（半月板を痛めて陸上をやめたこと）を知っている。
※えりかは瞳、奈緒とは特に知り合いではない。→おそらく同じ1年生だがクラスが違う。
※瞳は中学時代、陸上で活躍していた。→芯が強く、思い切りのよい性格。
※奈緒は陸上部ではなさそう。→瞳とは小・中学時代からの付き合い。家が近

所だったりするかも。
※貴大は長い間、瞳に声をかけられずにいた。でも彼女もいる。
→内気で真面目、押しに弱い。陸上が本当に好きで大切に思っている。
※えりかは貴大のことがとても好き。→一途で恐れず自分をどんどんアピールしていく女の子。末っ子っぽい。

３月下旬。高校の正門。そばに桜の木があり、花が咲いている。
青木瞳が門のところに立っている。
葛西貴大が近くの物陰から瞳を見ている。
貴大、一歩を踏み出そうとする。
すると、突如瞳が貴大の方に笑顔で手を振る。
貴大、びっくりして固まるが、嬉しくなって進もうとした時、貴大の後方から大宮奈緒が走って登場。瞳のもとへ走っていく。
強い風が吹く。二人、スカートを押さえる。

奈緒　　風、すごいねー。
瞳　　うん。（奈緒の髪に何かがついているのを見つけて）奈緒、ねえ。
奈緒　　（ふと、貴大に気づき）…ちょっと。
瞳　　（貴大に気づく）……。
奈緒　　なにあれ、キモ。

貴大、瞳に近寄ろうとする。
するとうしろから須藤えりかに声をかけられる。

えりか　　貴大！
貴大　　（驚いて）…えりか。
えりか　　ねえ、さっき電話したのに何で出てくれないの？　あたし何かやった？　貴大、最近ヘンだよ、どうしちゃったの？
朗読者　　身を捨てて　ゆきやしにけむ　思ふより　ほかなるものは　心なりけり
貴大　　なんかその、心と身体が、自分でもうまくいかないっていうか。
（★朗読と、その意味にあたるセリフを組み合わせたパターン。）
えりか　　なにそれ、意味わかんない。

瞳、貴大に近づく。

貴大　　わ！
瞳　　いつも見てるよね？　なに？　あたしがほしいわけ。
奈緒　　ちょ、瞳。
貴大　　…はい。

女子たち　（驚く）
朗読　いたづらに　行きては来ぬる　ものゆゑに　見まくほしさに　いざなはれつつ
貴大　♪来てもただ帰る　だけだと思うけど　つい会いたくて　来てしまう。
（スピッツ「空も飛べるはず」冒頭部）
（★朗読と、現代語の短詩に曲をつけたものを組み合わせたパターン。ここでは、歌詞もセリフになっている。）
　えりか、走り去る。
貴大　……。
瞳　サイテー。いこ、奈緒。
貴大　青木さん！
瞳・奈緒　？
貴大　あの、陸上部に入ってほしい！
瞳　……。
奈緒　あれ？　でも、陸部ってつぶれかかってるんじゃあ。
貴大　（うなづく）今、僕一人で…。
奈緒　そうなんだ。
貴大　青木さん、中学で関東大会まで出たんでしょ？　だから。
瞳　ごめん、ムリ。ほら、あたし、膝がダメになっちゃって。
貴大　指導してほしいんだ。
瞳　え？
貴大　もうすぐ新入生が入ってくるけど、僕だけじゃ何もできないし、このままだと…。
奈緒　それで瞳を。
貴大　陸上部の存続のために力を貸して下さい。お願いします!!（頭を下げる）
奈緒　……（瞳と貴大を見る）。
瞳　彼女…、かわいそうじゃん。早く行ったげなよ。
貴大　…。
瞳　誤解とけたらまた来て。さっきの話、考えてあげるから。
　貴大、一瞬笑顔になってえりかを追いかけて行く。
奈緒　勘違い？
瞳　（貴大の去った方へ）バーカ。（微笑んで）でも、……ちょっと、いいかも。

奈緒　　　（微笑んで）…うん。
　　また風が吹く。二人、スカートを押さえる。しばし空を見上げる。
二人以外全員　**♪桜が散りゆくその空には　湖（うみ）より素敵な波が立つ**
　　　　　　　（SMAP「世界に一つだけの花」ラスト部分）
　　　　　　（★原歌をなくし現代語の短詩のみにして曲をつけるパターン。）
瞳　　　　うわー、花びらすごいねー。
奈緒　　　うん。
　　二人に花びらが舞い落ちてくる。　　　　　　　　—おしまい—

〈引用・参考文献〉

青山哲也（1990）「『詩の心に触れる』の授業——生徒の主体的な読みを引き出す工夫」田近洵一・浜本純逸・大槻和夫編『たのしくわかる高校国語Ⅰ・Ⅱの授業１文学』あゆみ出版
川越淳一（1990）「『詩』の授業——詩授業活性化のための試み」田近洵一・浜本純逸・大槻和夫編『たのしくわかる高校国語Ⅰ・Ⅱの授業１文学』あゆみ出版
鳴島甫（1988）「『小景異情その二』もう一つの指導の観点」『人文科教育研究』第15号
西尾実（1951）『国語教育学の構想』筑摩書房　pp.124〜133
藤原与一（1963）「文化創造と国語教育」『国語教育研究』第８号　広島大学教育学部国語教育研究室・光葉会　pp.425〜433
町田守弘（1992）「単元「身近なことばを集める——「ワードハンティング」の実践——」日本国語教育学会『ことばの学び手を育てる国語単元学習の新展開Ⅵ　高等学校編』東洋館出版社
湊吉正（1987）「国語学力の構造に関する一試論」『国語教育新論』明治書院

あとがき

まず本書の各節の初出一覧を掲げます。第１章は書き下ろしですが、各節にはそれぞれ基になった文献があります。第２章以降は下記の文献を基に、本書掲載に当たり、平成30年版学習指導要領等も鑑みて、内容を整えました。これらは本文中には文献名を記していませんので、ここにまとめて挙げます。

〈第１章〉

[1] 浅田孝紀（1992a）「「言語感覚」の概念に関する一考察」『人文科教育研究』第19号　1992.8　人文科教育学会, pp.101〜110

[2] 浅田孝紀（1992b）「古典教育の意義に関する一考察」『日本語と日本文学』第17号　1992.9　筑波大学国語国文学会　pp.左1〜左10

※なお、本文献では校正時の手違いで「訓育」と「陶冶」が入れ替わっていた。浅田（1994b）でもこれは訂正したが、ここでも改めて訂正しておきたい。

浅田孝紀（2008a）「「講義」の復権――「木曾最期」（『平家物語』）の授業を通して「教養」と「演技」の重要性を見直す――」『月刊国語教育研究』第431号　2008.3　日本国語教育学会　pp.44〜45

[3] 浅田孝紀（1994a）「「文体干渉」に関する考察――古典教育基礎論として――」『読書科学』第38巻第３号　1994.10　日本読書学会　pp.98〜103

[4] 浅田孝紀（1995）「「言語抵抗」の概念規定――古典教育のための理論的基礎として――」『人文科教育研究』第22号　1995.8　人文科教育学会　pp.87〜94

[5] 浅田孝紀（2008b）「語用論導入による会話の意識化―演劇的指導による実践の試行―」桑原隆編『新しい時代のリテラシー教育』2008.3 東洋館出版社　pp.342〜355

[6] 浅田孝紀（2000a）「「言語文化教育」という観点――言語教育における一視座の提唱――」『月刊国語教育研究』第338号　2000.6 日本国語教育学会 pp.56〜63

7　浅田孝紀（1994b）「古典教育における国際理解のための方法的視座」高森邦明先生退官記念論文集編集委員会編『国語教育研究の現代的視点』1994　東洋館出版社　pp.118～128

〈第２章〉

1　浅田孝紀（1997）「柿本人麻呂「泣血哀慟歌」の教材研究――論考としての教材研究の試み――」『目白学園女子短期大学研究紀要』第34号　1997.12　目白学園女子短期大学　pp.129～136

2　浅田孝紀（1999）「「養和の飢饉」（『方丈記』）冒頭部における「あさまし」――「あさまし」に込められた　長明の思いを汲み取る試み――」『人文科教育研究』第26号　1999.8　人文科教育学会　pp.1～10

3　浅田孝紀（2009）「語用論導入を軸とする戯曲教材の開発――平田オリザ「暗愚小傳」を例として――」『早稲田大学国語教育研究』第29集　2009.3　早稲田大学国語教育学会　pp.29～36

〈第３章〉

1　浅田孝紀（1995）「「古典を楽しむ」ために――知的好奇心を喚起する三つのレベルをめぐって――」『月刊国語教育研究』第274号　1995.2　日本国語教育学会　pp.22～27

2　浅田孝紀（2000b）「古典教育における近代文語文導入覚え書き――「古典」に関する発想転換をめぐる四つの提案――」『筑波大学附属坂戸高等学校研究紀要』第38集　2000.12　筑波大学附属坂戸高等学校

3　浅田孝紀（2010）「文章の脚色と古典の書き換え」『魅力ある言語活動の開発事典』（『月刊国語教育』2010・５別冊）東京法令出版

〈第４章〉

1　浅田孝紀（1996）「国際理解教育に資する国語Ｉの総合単元学習――単元「国・人・コミュニケーション」の実践を通して――」『読書科学』第40巻第３号　1996.11　日本読書学会　pp.108～114

2　浅田孝紀（1998）「文化論を読み日本人論を書く――高校国語科における説明的文章教材による国際理解教育の実践――」『国際理解教育』VOL.4　1998.6　日本国際理解教育学会　pp.90～103

〈第5章〉

1 浅田孝紀（2001a）「情報を収集・活用して発表を行う――高等学校における「言語活動例」」『月刊国語教育』第21巻第3号（2001年5月別冊）2001.5 東京法令出版 pp.44～49

2 浅田孝紀（2001b）「生徒創作による文語作文の分析――古文に対する言語感覚の一端――」『筑波大学附属坂戸高等学校研究紀要』第39集 2001.12 筑波大学附属坂戸高等学校

3 浅田孝紀（2003）「創作古文のプレゼンテーション――配付資料と発表プロットを書くことを通して」（特集・話すために書く：プレゼンテーションをするために書く）『実践国語研究』第240号（2003年2/3月号）2003.3 明治図書出版 pp.70～73

4 浅田孝紀（2011）「「言語文化」への認識を深める――漱石「こころ」の授業における「言語活動」を通して――」『東京学芸大学附属高等学校研究紀要』48号 2011.3 東京学芸大学附属高等学校 pp.1～10

〈第6章〉

1 浅田孝紀（1995）「朗読を柱とする現代詩の授業――「統一テスト」条件下での指導の一例――」『早稲田大学国語教育研究』第15集 1995.6 早稲田大学国語教育学会 pp.42～50

2 浅田孝紀（2012）「古典の学習指導における新たな文化の創造――高校演劇作品「黒塚 Sept.」を手がかりとして――」『東京学芸大学附属学校研究紀要』第39集 2012.8 東京学芸大学附属学校研究会 pp.107～116

3 浅田孝紀（2017）「文部科学省のコミュニケーション事業による演劇を導入した実践の総括的検討―高校国語科としての台本創作と上演発表を振り返る―」2017.11 東京学芸大学附属学校研究会『東京学芸大学附属学校研究紀要』第44集

また、上記以外で共著書に載せた拙稿のうち、本書の内容に直接関係の深い教材研究と実践報告を以下に4点記します。ご参照いただければ幸いです。

①浅田孝紀（1993）「『平家物語』「木曾最期」の表現をめぐって」津本信博編・早稲田大学教育総合研究所編修『新時代の古典教育』1999.3 学文社

pp.109～127
②浅田孝紀（2003）「『音声表現シート』を用いて『伝え合う力』を高める——『徒然草』を用いた実践例——」大平浩哉編『「国語総合」授業の工夫20選』2003.1　大修館書店　pp.128～135
③浅田孝紀（2010a）「年間単元『古典のプレゼンテーション』」日本国語教育学会編『豊かな言語活動が拓く国語単元学習の創造　Ⅶ高等学校編』2010.8　東洋館出版社　pp.158～173
④浅田孝紀（2010b）「古典文法の学習指導の方法」全国大学国語教育学会編『新たな時代を拓く中学校・高等学校国語科教育研究』2010.12　学芸図書　pp.208～213

引用文献・参考文献については、各章末に挙げましたが、実際には、学ばせていただいた文献はここにいちいち挙げきれないほどです。そのたくさんの先人のご努力に感謝申し上げます。

また、本書をなすに当たってお世話になった方々は数知れません。早稲田大学でご指導いただいた梶原正昭先生、小林保治先生。筑波大学大学院でご指導いただいた湊吉正先生、桑原隆先生、高森邦明先生、森野宗明先生。早稲田大学の大先輩で、公私にわたりお世話になっている町田守弘先生。その他、東京学芸大学国語科・教職大学院の先生方、目白学園中学校・高等学校および筑波大学附属坂戸高等学校の国語科で同僚だった先生方、現任校の東京学芸大学附属高等学校国語科で同僚の先生方。これまで勤務してきた学校の「教え子」の皆さん。演劇部の活動や演劇を導入した授業でお世話になっている、演劇部顧問仲間の先生方とプロの演劇アーティストの皆様。これらの皆様との出会いがなければ本書は完成しませんでした。

そして、原稿をまとめるのが遅かった私を辛抱強くお待ちくださった株式会社明治書院社長の三樹蘭様、編集部の高杉佐代子様には一方ならぬお世話になりました。ここに記して関係の皆様への謝辞といたします。

平成30年３月30日

浅田　孝紀

著者紹介

浅田　孝紀（あさだ　たかき）

東京学芸大学附属高等学校教諭。東京学芸大学教職大学院特命教授併任（平成29・30年度）。

東京都出身。早稲田大学教育学部卒。筑波大学大学院修士課程修了。同博士課程単位取得退学。目白学園中学校・高等学校教諭、筑波大学附属坂戸高等学校教諭を経て現職。その間、筑波大学・国士舘大学・早稲田大学・東京学芸大学の非常勤講師、国立教育政策研究所教育課程実施状況調査作問委員も務める。

専門は国語教育学。「文化」や「表現」の観点からの、言語教育論、古典教育論、演劇教育論に関心。さらに、国語科を含む教師教育学全般にも関心を持つ。本書で挙げていない共著書として、全国大学国語教育学会『国語科教育学研究の成果と展望』（明治図書）、『同　Ⅱ』（学芸図書）、『必携古典文法』（明治書院）、『インタラクティブ・ティーチング』（河合出版）など多数。

演劇部の顧問としても多くの大会への出場経験を持つ。創作作品（戯曲）に『ビーム！』（高校演劇劇作研究会『季刊高校演劇』215号）、『Small-Town Legend』（同240号）などがあり、特に後者は東京学芸大学附属高校演劇部が韓国の「全国青少年演劇祭」（日本の「全国高等学校演劇大会」に該当）に日本代表校として招聘された際の上演作品である。

言語文化教育の道しるべ
高校国語教育の理論と実践

平成30年８月１日　初版発行

著　者　浅田 孝紀

発行者　株式会社明治書院　代表者 三樹　蘭
印刷者　精文堂印刷株式会社　代表者 西村文孝
製本者　精文堂印刷株式会社　代表者 西村文孝

発行所　株式会社明治書院
〒169-0072　東京都新宿区大久保1-1-7
電話　03-5292-0117　FAX　03-5292-6182
振替　00130-7-4991

Printed in Japan　ISBN978-4-625-53316-7

カバー・表紙デザイン　中西 啓一（panix）